JN419186

지오몽의 지구 이야기

우리는 어디서 왔을까

추론편

엮은이·행복한 논술 편집부

3

(주)이태종 NiE 논술연구소

차례

Chapter 3 우주의 과학적 원리 1

활동 지침서 (01~15)

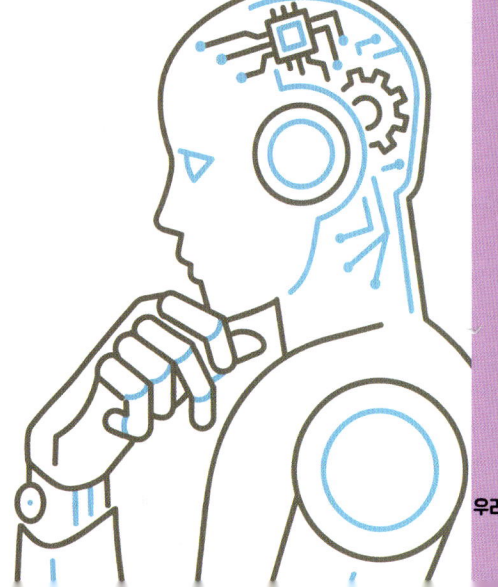

『지오몽의 지구 이야기』 사용 설명서

1. 교재의 특성

■ 과학 교재를 넘어선 '생각 설계 플랫폼'

『지오몽의 지구 이야기』는 초등학생 과학 영재를 만들기 위한 STEAM 융합 사고 훈련 프로그램입니다. 과학 이론을 기반으로 현실의 문제를 구조화하고 문제 해결에 필요한 생각을 설계하도록 돕는 시스템형 학습 플랫폼입니다.

STEAM 교육은 과학(Science), 기술(Technology), 공학(Engineering), 예술(Arts), 수학(Mathematics)을 통합적으로 사고하고 문제 해결에 적용하는 접근법입니다. 단순한 교과 융합을 넘어, 복잡한 문제를 창의적으로 정의하고 해결하는 사고력과 협업 능력을 기르려는 목적이 있습니다.

인공 지능(AI) 시대에는 지식만 외우거나 과목별로 나누어 배우는 방식만으로는 대응하기 어렵습니다. 그래서 STEAM 교육은 미국, 유럽, 아시아 등 세계 여러 나라에서 빠르게 확산하고 있습니다.

『지오몽의 지구 이야기』는 이러한 시대적 흐름에 맞춰, 어린 학생들도 STEAM의 5개 영역을 자연스럽게 통합하며 사고할 수 있도록 설계했습니다. 지구의 과거, 현재, 미래를 다루는 60개 주제가 모두 독립적인 사고 과제로 구성되어 있으며, 모든 활동은 '문제 인식 → 기능 설계 → 시나리오 구성 → 설계도 작성 → 발표 → 피드백'이라는 체계적인 사고 흐름을 따릅니다.

활동지에는 설계도, 말풍선, 시나리오, 교사의 질문 등의 예시가 포함되어 있습니다. 학생들이 글쓰기의 부담 없이 생각을 구조화하여 논리적으로 표현하는 능력을 기를 수 있습니다. 이러한 구성은 하버드의 'Project Zero', MIT의 STEAM 기반 연구 프로그램, 핀란드의 PBL 교육 시스템에서도 아직 구현되지 않은 고차 사고 훈련 프레임입니다. 이 교재는 단일 수업 자료를 넘어, 학생 스스로 사고를 설계하고 표현할 수 있도록 이끄는 세계 유일의 사고 훈련 시스템입니다.

■ 사고 과정을 스스로 설계하는 학습자 중심 구조

모든 활동은 아이들이 스스로 사고의 모든 과정을 구성하도록 설계했습니다. 하나의 활동 안에서 학습자는 문제를 정의하고, 기능을 고안하며, 이야기를 만들고, 설계도를 완성한 뒤 발표하고 친구의 질문에 응답하며 피드백을 반영하는 과정을 경험합니다. 이러한 구조는 자기 사고를 시각화하고 언어로 정리하는 힘을 기르도록 돕는 훈련이기도 합니다.

초등학교 때 이러한 과정을 반복하면 자연스럽게 '문제 인식 → 해결 전략 구상 → 구조적 설명 → 피드백 수용 → 자기 사고 점검 → 표현력 강화'로 이어지는 자기 주도적 사고의 순환 과정을 내면화하게 됩니다. 나아가 "나는 지금 무엇을 해결하고 있는가, 어떻게 접근해야 하는가, 이 내용을 다른 사람에게 어떻게 설명할 수 있을까?"와 같은 메타 인지 기반의 질문으로 확장됩니다. 메타 인지는 자신이 아는 내용과 모르는 내용을 자각하고, 문제점을 스스로 찾아내 해결하며, 학습 과정을 조절하는 정신 작용을 의미합니다.

■ 누구나 수업할 수 있는 열린 구조

이 교재는 교육 전문가만을 위한 학습물이 아닙니다. 전문적이지만 쉽고 단계화된 수업 구조로 설계되어, 교사, 학부모, 교육 기관 누구나 쉽게 활용할 수 있습니다.

교사는 활동 해설지만으로도 연수 없이 정규 수업, 창의적 체험 활동, 방과후 수업을 2차시 단위로 운영할 수 있습니다. 학부모는 가정에서 아이와 함께 설계도를 그리고 말풍선을 꾸미며 발표하는 창의 놀이 수업으로 활용할 수 있습니다. 교육 기관에서는 STEAM 융합 수업, 영재 교육, 창의성 평가 수업, 프로젝트 기반 수업을 체계적으로 구성할 수 있습니다. 미술 학원이나 창의 수업 현장에서도 적용 가능합니다. 과학 이야기를 설계도로 표현하기, 설계도의 내용을 반입체로 구현하기는 단순한 조형 활동이 아니라, 사고를 시각화하는 도구로 활용되어 논리적 사고를 돕는 미술 활동과 조형적 사고 훈련으로도 확장됩니다.

■ 교재에 활동지와 활동 해설지 탑재

교재에는 교사, 학부모, 학원 강사 등 누구나 별도의 연수 없이 손쉽게 수업을 운영할 수 있도록 활동지와 활동 해설지가 제공됩니다. 활동지에는 주제별 수업 목표, 개념 설명, 기능(조건) 제시, 유도 질문, 예시 답변, AI 평가(정량 평가)가 가능한 루브릭을 제시했습니다. 해설지는 활동지와 1:1로 대응되는데, 활동 준비물과 준비물 사용 설명을 구체적으로 서술했습니다.

2. 2차시 수업 구조로 완결되는 사고 훈련

모든 활동은 2차시 수업으로 진행할 수 있도록 설계되어 있습니다. 학습자는 교재 공부를 마친 뒤 자기 생각을 시나리오로 구체화하면서 '반입체 구성+발표+피드백' 중심으로 사고를 정리할 수 있는 구조여서 글쓰기에 서툰 아이도 몰입할 수 있습니다.

차시	예시 문장	구성 활동	교육 목적
1차시	50~60분	지오몽 교재 읽기 → 개념 대화 → 기능 고안 → 시나리오 구성	과학 개념 이해+문제 해결 과정 구성
2차시	50~60분	설계도 완성 → 제작 → 발표 → 친구 질문 응답 → 평가	사고의 문자화+시각화+협력 기반 확장
수업 인원과 운영 특장점			

- 1~3인 수업 : 학생 1명에 사고 구조화 훈련과 집중 피드백 가능. 자기 주도 훈련에 최적화.
- 4~6인 수업 : 토의·질문·피드백을 자연스럽게 구성. 발표+비판적 사고의 균형 잡힌 훈련 가능.
- 7~12인 수업 : 역할 나누기, 팀 기반 시나리오 설계 등 협력 중심 융합 프로젝트 운영에 적합.

3. 통일된 사고 프레임

이 교재의 강점은 주제가 달라도 사고의 과정이 통일되어 있다는 점입니다. 학습자는 어떤 내용을 배워도 '문제 인식 → 기능 설계 → 시나리오 쓰기 → 설계도 작성 → 제작 → 발표와 응답'이라는 과정을 반복적으로 훈련하게 됩니다. 모든 과정은 학생 스스로 논리적으로 구성해서 말로 설명하는 힘을 기르도록 합니다.

단계	핵심 활동 예시
문제 인식	화산이 분화하기 전에 땅 위에 어떤 변화가 나타날까?
기능 설계	온도·가스·진동을 감지하는 장치를 만드는 데 필요한 핵심 기능은 뭘까?
시나리오 구성	지진 감지 → 온도 센서 → 경보 → 불빛으로 이어지는 시나리오 쓰기
설계도 작성	기능별 위치와 연결을 화살표로 그리며, 말풍선과 색상으로 기능 설명 추가
발표와 질문 응답	왜 깃발을 가장 먼저 설치했나요? → 시작 신호가 가장 중요하니까요.

4. 통일된 AI 기반 루브릭 평가 체계

이 교재는 학생이 얼마나 논리적·창의적·기능적 사고력을 발휘하고 반입체로 시각화했는지 평가합니다. 결과물뿐 아니라 사고의 구조, 과정, 표현, 참여 태도까지 반영한 루브릭이 제시되어 있습니다. 상호 평가와 교사 평가를 모두 반영할 수 있습니다. 루브릭과 시나리오, 설계도, 결과물 사진(좌우 측면 포함), 교사 평가 등을 AI에 입력하면 정량 평가가 가능합니다.

항목	평가 기준 질문
과학 개념 이해	기능과 설명에 과학 개념이 정확히 반영되었는가?
기능 흐름 완성도	기능이 논리적으로 연결되고, 문제 해결 과정이 자연스러운가?
시각 표현력	설계도 안에 위치·연결·설명이 시각적으로 명확히 표현되었는가?
발표력	시나리오를 조리 있게 말하고, 친구의 질문에 응답했는가?
참여·협력 태도	수업에 집중하고 친구와 협력하며 피드백을 주고받았는가?

5. 누가 교재를 사용할 수 있나

이 교재는 과학·기술 중심 교과뿐 아니라 미술, 창의성, 디자인 수업 등 다양한 교육 영역에서 유연하게 활용 가능합니다. 정규 수업, 방과후 프로그램, 미술 학원, 영재 교육 기관, 가정 수업 등에서 모두 사용할 수 있습니다.

환경 유형	활용 방식 예시
정규 초등 수업	과학, 창의적 체험 활동, 통합 교과, 융합 프로젝트 수업
방과후·돌봄 프로그램	주제 중심 수업, 표현 발표 수업, 융합 창의 활동 구성
미술 학원·창의 미술	설계도 기반 표현 미술, 말풍선 구성 활동, 조형 훈련
과학·영재 교육 기관	STEAM+발표+설계+평가 융합 수업(사고·표현 통합형 훈련)
가정·홈스쿨링	활동지와 해설지 기반 자기 주도 학습, 가족과 함께하는 놀이 발표 수업
창업형 교육 기관	STEAM, AI 융합, 발명, 문제 해결 중심 교육 콘텐츠로 활용

6. 루브릭 연계된 활동지와 해설지

이 교재는 현장에서 교사가 수업을 어떻게 운영하고 학생이 어떻게 참여할 수 있는지 안내하는 활동지와 해설지를 함께 제공합니다. 활동지는 모든 활동을 문제 제기, 기능 탐구, 설계, 제작, 발표로 이어지는 공통 구조에 맞춰 제시됩니다. 각 단계에는 교사가 활용할 수 있는 기능(또는 조건)과 시나리오 예시, 질문 예시가 함께 담겨 있습니다. 교사는 이를 바탕으로 구현할 기능 또는 조건을 더하거나 빼는 방법으로 학년 눈높이(1~6학년)에 맞춰 수업을 조정할 수 있습니다.

학생 활동지는 해설지와 긴밀히 연결되어 있습니다. 활동지에는 문제 인식, 아이디어 기록, 설계도 작성, 제작과 발표 등 학습의 전 과정이 담겨 있는데, 평가 루브릭과 그대로 이어집니다. 예를 들어 활동지에서 설계도를 구체적으로 그린 학생은 루브릭의 '기능 구성과 흐름 완성도'의 창의성 항목에서 높은 평가를 받을 수 있고, 조별 발표 과정은 '설명력과 발표 참여' 항목과 연결됩니다. 이처럼 활동지는 학생의 사고 과정을 드러내는 기록지가 되고, 루브릭은 교사가 학습 과정을 평가하는 도구가 됩니다. 학생은 루브릭을 통해 자기 학습을 점검하고 보완 방향을 스스로 찾을 수 있습니다.

제작 활동을 좋아하지 않는 학생들에게는 스토리만 읽히거나 활동지에 나온 내용을 그림 또는 설계도로 표현하는 방법도 있습니다. 어떤 경우에도 활동 시나리오를 글로 정리하거나 이야기로 나타내도록 하면 유익합니다.

해설지의 준비물과 제작 방법은 하나의 예시에 불과하므로, 교사는 학급의 상황과 수업 목표에 따라 재료를 대체하거나 절차를 조정할 수 있습니다. 학생도 제시된 지침을 그대로 모방하기보다, 자신이 구상한 새로운 기능이나 구조를 추가해 변형할 수 있습니다. 따라서 동일한 활동이라도 교사와 학생의 선택과 시도에 따라 다양하게 확장되며, 수업은 획일적인 틀을 벗어나 풍부하게 전개됩니다.

이러한 구조는 교사에게는 수업 운영의 자율성과 전문성을, 학생에게는 창의적 탐구와 자기 주도 학습의 기회를 넓혀 줍니다.

7. 마무리

이 교재는 학생 스스로 문제를 과학적으로 인식하고, 문제 해결에 필요한 기능 설계와 기능 구현하기, 발표와 피드백에 이르기까지 일련의 과정이 담긴 사고 설계 시스템입니다. 이 교재를 활용하면 교사는 수업 설계가 쉬워지며, 학생은 생각을 정리하고 표현하는 힘을 기를 수 있습니다. 수업은 자연스럽게 창의성을 갖추게 됩니다. AI 시대에 필요한 교육은 정답 찾기 공부가 아니라, 문제를 스스로 인식하고 해결하는 사고의 구조화를 훈련하는 공부입니다.

Chapter

1

인간의 기원과 문명

지오몽의 지구 이야기 주인공 **지오몽**은 '지구(Geo)의 꿈'이란 뜻입니다.

인류는 지금까지 얼마나 태어났을까

인류의 역사는 700만 년 전에 옛날 인류와 침팬지의 공통 조상에서 갈라지면서 시작되었어. 그때 초기 인류의 조상은 두 발로 걸었지. 그런데 현대 인류(호모 사피엔스)보다 뇌의 용량이 적고, 사회적 행동이 부족했어.

30만 년 전 아프리카에서 현대 인류가 등장했어. 그때 인구는 1만~2만 명이었지. 기후 변화가 심하고 식량이 부족해 수명은 30~35세였어. 초기 인류는 두뇌가 커지고, 도구 제작 능력이 발전하면서 생존 능력을 키웠어. 약 7만 4000년 전에는 화산 폭발과 기후 변화로 환경이 나빠지면서 인구가 수천 명까지 줄었어. 이때까지 태어난 인구는 수십만 명쯤이야.

> **이런 뜻이에요**
> **사회적 행동** 서로 돕고 돌보며, 정보와 물건을 나누는 행동.
> **화산 폭발** 인도네시아에서 엄청난 화산 폭발이 계속되면서 화산재와 가스가 뿜어 나오며 태양을 가려 기후를 변화시켰을 것으로 보인다.

인류는 10만 년 전 아프리카를 떠나기 시작했어. 6만~7만 년 전에는 중동과 유럽, 아시아로 퍼졌지. 이때 네안데르탈인 등과 접촉하면서 서로 다른 유전자가 섞였어. 이들 유전자 덕에 질병을 이기는 면역력과 추위에 견디는 힘, 땀을 잘 배출하는 능력, 큰 폐활량을 갖추는 등 혹독한 환경에 적응하는 능력이 강해졌지.

1만 5000년 전에는 아메리카까지 이동했어. 불과 도구를 더 정교하게 만들고, 사냥과 채집 기술도 발전했어. 무리를 지어 생활하면서 동굴과 임시 거처를 만들어 안전한 공간을 확보했어. 언어로 소통하고 협력하면서 생존력을 더욱 키웠어. 1만 년 전 세계 인구는 약 500만 명에 이르렀고, 그때까지 인류는 1억 명쯤 태어났어.

이런 뜻이에요

네안데르탈인 인류와는 다른 친척쯤 되는 종. 40만 년 전부터 3만 5000년 전 사이에 유럽과 서아시아에 살았다.
유전자 생물이 부모에게 물려받아 생김새나 성격을 결정하는 정보.
폐활량 사람이 숨쉴 때 폐에 들어갈 수 있는 공기의 최대 양.

1만 년 전부터는 인류가 마을을 이뤄 살면서 농사를 짓고 가축을 길러 식량을 안정적으로 마련했어. 하지만 모여 살면서 전염병이 생기고, 다툼도 심해졌어. 게다가 빙기가 끝나고 간빙기로 접어들면서 기후가 불안정해졌어. 이 때문에 가뭄이나 홍수 같은 자연재해가 덮쳐 살기 어려웠지.

하지만 농업 기술과 작물 재배 방법을 발전시켜 자연재해를 극복했지. 인류는 더 많은 자녀를 낳으며 인구를 늘려 갔어. 출산율은 5~6명이었는데, 아기의 생존율도 높아졌지. 수명은 30~40세였어. 기원전 1세기경에는 1억~1억 5000만 명까지 늘었어. 이때까지 태어난 인구는 수십억 명~100억 명이야.

이런 뜻이에요

빙기 지구가 매우 추워져서 땅과 바다가 얼음으로 덮이는 시기.
간빙기 빙기가 끝나고 다시 빙기가 오기까지의 따뜻한 시기. 얼음이 녹고 나무와 풀이 자란다.

■ 1796년 영국에서 천연두 백신이 처음 나와 사람들에게 백신을 접종하는 모습.

1347년부터 4년간 흑사병이 유럽을 휩쓰는 바람에 세계적으로 7500만~1억 명이 숨졌지. 그래도 농업 기술이 발달해 인구가 다시 늘었어. 18세기 산업 혁명 이후에는 기술과 의학의 발전으로 인구가 팽창했어. 농업의 기계화와 백신, 항생제 등의 의학 기술이 발달하면서 아기의 사망률이 뚝 떨어졌지. 수명은 70~80세로 치솟았어.

1800년의 세계 인구는 10억 명, 1950년에는 25억 명, 지금은 80억 명을 넘었어. 출산율은 2~3명으로 줄었지만, 높은 생존율과 기술 발전 덕에 인구는 크게 늘었어. 지금까지 태어난 인류는 1170억~1300억 명이야.

이런 뜻이에요

산업 혁명 1760년대 영국에서 기계와 공장이 발달하면서 물건을 더 빠르고 많이 만들게 된 시기.
항생제 세균에 감염되어 생긴 병을 치료하는 약.

인구 1300억 명 시대 도시 만들기

🍀 활동 목표

* 지구 온난화와 인구 증가가 도시 생존에 어떤 영향을 주는지 과학적으로 이해한다.
* 지속 가능한 도시의 핵심 기능을 선택하고, 생존 문제와 연결하여 설계한다.
* 기능 배치를 시각적으로 표현하고, 도시의 구조와 작동 방식을 설명한다.
* 기능 연결과 도시 구조의 타당성을 스스로 발표하고 질문에 응답한다.

🍀 수업 전 배경과 개념 설명

* **지구 온난화** 기온이 올라가 바닷물의 수위가 높아지고, 사막이 넓어지며, 물과 식량이 부족해지는 현상.
* **인구 증가** 사람이 많아질수록 공간과 자원이 부족해지고 도시가 붐빔.
* **지속 가능한 도시** 환경을 해치지 않고 오랫동안 살 수 있도록 만든 도시 구조.
* **생존 기능** 도시가 갖춰야 할 필수 시스템(물·음식·에너지·공기·심리 안정 등).
* **스마트 시스템** 센서나 인공 지능처럼 정보를 자동으로 감지하고 조절하는 장치.

🍀 수업 활동

1) 문제 인식과 분석

도입 발문	사람이 많아지면 어떤 일이 생길까? / 1300억 명이 함께 살 도시는 정말 만들 수 있을까? / 그 도시엔 어떤 기능과 기술이 필요할까?
활동지 칸	이 활동은 인구 폭증과 기후 위기 속에서 인류가 오래 살 수 있는 도시를 설계해 보는 거예요. 필요한 기능을 고르고, 도시의 기능과 공간이 어떻게 연결되는지 표현해 보세요.

2) 기능 구성하기+시나리오 쓰기

• 아래 기능 중 3~4개와 내가 만든 기능 1개를 이용해, 왜 필요한지 적어 보세요. 도시에서 어떤 문제를 해결하는지 생각하고, 기능들이 어떤 순서로 작동하는지 이야기로 써 보세요.

항목	설명
물 순환 장치	빗물과 습기를 모아 정화해서 다시 사용하는 장치예요.
음식 재배 돔	건물 위나 실내에서 식량을 기를 수 있는 공간이에요.
공기 정화 필터	먼지나 이산화탄소를 줄이고 공기를 깨끗하게 만드는 장치예요.
인공 지능 인구 센서	사람이 몰리는 곳을 감지해서 분산시켜요.
내가 만든 기능	생물형 정원 → 사람들이 쉬고 숨쉴 수 있는 녹색 쉼터예요.
시나리오 예시	빗물이 부족하면 물 순환 장치가 정화해 다시 쓰고, 재배 돔에서는 식량을 길러요. 인공 지능 센서는 사람이 몰리는 곳을 조절하고, 공기 정화 필터는 대기를 깨끗하게 만들어요. 생물형 정원은 사람들이 쉴 수 있는 공간이며, 마음의 안정을 돕는 쉼터가 되어요.

3) 도시 설계도 그리기

• 도시 전체의 구조를 위에서 보거나 옆에서 보게 그려요. 구역 나누기(주거, 물, 에너지, 음식, 공기 등)를 하고, 각 기능에 말풍선 달기 또는 라벨 붙이기를 하세요.

표현 예시	① 이곳은 태양광 발전소예요. 햇빛으로 전기를 만들어요. ② 이 구역은 음식 재배 돔이에요. 매일 도시 사람들에게 식량을 나눠 줘요. ③ 인공 지능 센서는 사람이 많은 곳을 감지해서 분산시켜요.　　④ 여기는 공기 정화 필터예요. 먼지를 없애 줘요.

4) 발표와 친구 질문 응답

발표 항목	예시 문장
도시 이름	'지오시티'예요.
내가 고른 기능	물 순환, 공기 정화, 인구 센서, 음식 재배 돔을 선택했어요.
내가 만든 기능	사람들이 쉴 수 있는 생물형 정원을 새로 만들었어요.
시나리오 요약	센서가 인구를 조절하고, 돔에서 식량이 자라며, 물도 정화돼요. 도시 전체가 스스로 움직여요.
친구 질문과 응답	식량은 어디서 나와요? → 재배 돔에서 농사를 지어요.

🍀 교사용 지도 포인트

단계	유도 질문 예시
문제 인식	사람이 너무 많아지면 어떤 문제가 생길까? / 이 도시가 해결해야 할 가장 큰 위기는 뭐였니?
기능 구성	사람들이 살아가기 위해 어떤 기능이 필요할까? / 이 기능은 어떤 문제를 해결해 주는 걸까?
내가 만든 기능	생물형 정원은 왜 꼭 있어야 했을까? / 네가 만든 기능은 어떤 역할을 했니?
시나리오 구성	기능들이 어떤 순서로 움직였어? / 도시 전체는 어떻게 작동했니?
발표 유도	친구의 도시와 비교했을 때 어떤 점이 달랐니? / 네 도시의 특별한 점은 뭐였니?

🍀 인구 1300억 명 시대 도시 만들기 STEAM 활동 평가 루브릭

평가 루브릭				
평가 항목	5점(매우 우수)	4점(우수)	3점(보통)	2점 이하(미흡)
과학 개념 이해(온난화, 인구 증가, 도시 생존, 에너지 자립)	과학 개념을 정확히 이해하고 있으며, 기능 설명과 도시 구조를 구체적이고 자연스럽게 잘 연결하여 표현함	과학 개념 대부분이 기능 설명과 도시 구조 표현에 비교적 명확하게 드러남	과학 개념이 일부만 반영되었거나 설명이 짧고 단편적 수준에 머묾	과학 개념이 부족하고, 도시 설계 순서와 단계 전개 과정과도 연결되지 않음
기능 구성과 흐름 완성도(기능 구성+내가 만든 기능+기능 연결+창의적 설계)	선택한 여러 기능이 생존 문제와 연결되어 있고, 내가 만든 기능도 창의적으로 포함되어 도시 설계에 반영됨	기능 구성과 전개가 대부분 타당하고, 내가 만든 기능도 적절하게 반영됨	기능은 있지만 전개 과정 설명이 단순하거나 내가 만든 기능의 구체성이 부족함	기능이 단순 나열 수준에 그치고, 만든 기능이나 관련 설명이 거의 보이지 않음
시각 표현과 설계도 완성도(기능 위치, 구역 구분, 말풍선, 흐름 화살표)	도시 구역과 기능이 잘 나뉘고, 위치와 설명도 시각적으로 명확하게 표현되어 전체 구조를 쉽게 이해할 수 있음	위치 설명과 기능 구성이 대부분 잘 이뤄져 전체 구조 이해에 도움이 됨	일부 기능 표현이 부족거나 기능의 위치 구분이 다소 모호하게 보임	설명이 없이 그림만 있거나 기능 간의 구조적 흐름이 명확하지 않음
설명력과 발표 참여(시나리오 설명+친구 질문 응답)	기능 설명과 시나리오의 전개 과정이 조리가 있고 명확하게 이어지며, 친구의 질문에도 논리적으로 잘 응답함	발표 흐름이 자연스럽게 이어지며, 친구 질문에도 대부분 적절하게 응답함	설명이 짧고 발표의 연결성이 약하며, 질문에 대한 응답도 단편적임	발표가 소극적이고, 설명과 친구 질문에 대한 응답이 전반적으로 부족함
참여 태도와 협력성(활동 집중도+친구와의 협력)	활동에 성실히 참여하고 친구와의 협력 과정에서도 아이디어 교환과 피드백이 활발하게 이루어짐	대부분 성실히 참여했고 친구와의 소통도 원활히 이루어짐	과제는 수행했으나 친구와의 협력과 피드백은 소극적임	활동에 수동적이고 친구와의 협력과 소통도 거의 없음

※총점 기준 해석표(총 25점)
★23~25점 : 매우 우수 ★19~22점 : 우수 ★15~18점 : 보통 ★10~14점 : 미흡 ★1~9점 : 매우 미흡

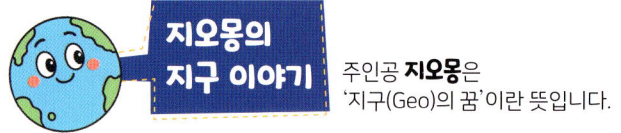
왜 사람만 지능이 발달한 거지

"나는 머리가 나빠서 수학을 못해." 요즘 교실에서 자주 들리는 말이래. 하지만 지오몽이 보기에는 안타까운 이야기야. 지능은 부모님께 물려받기도 하지만, 공부를 많이 하거나 새로운 경험이 쌓일수록 좋아진대. 쌍둥이도 다른 환경에서 자라면 지능 차이가 있는 것처럼 말이야.

사람의 두뇌에는 약 860억~1000억 개의 세포가 있어. 이 가운데 대뇌(피질 부분)에 있는 160억 개가 정보를 주고받는 신경 세포(뉴런)야. 지능이 좋다는 말은 신경 세포들 사이가 촘촘하고 질서 있게 이어져 있다는 뜻이야. 경험이 많고 공부를 많이 할수록 신경 세포들의 연결이 강화되어 지능이 좋아진다는 거지.

■ 지능이 높다는 말은 두뇌를 이루는 신경 세포들이 촘촘하고 질서 있게 잘 이어져 있다는 뜻이다.

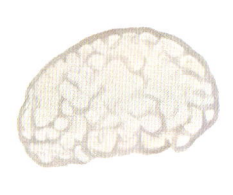

　지능이 높다는 말은 감정을 이해하고 다른 사람들과 잘 지내며, 창의적으로 생각하는 능력도 포함되지. 논리, 언어, 사회 지능뿐 아니라 운동, 음악, 자연 탐구 지능도 있어. 여러 지능이 모여 사람을 더 똑똑하게 만드는 거야.

　약 250만 년 전 인류는 간단한 도구를 사용하면서 지능이 발달하기 시작했어. 그때 인류의 두뇌 크기는 지금의 절반 정도였지. 그 뒤 불을 사용하고 더 복잡한 도구를 만들어 쓰면서, 두뇌가 커졌어. 30만 년 전쯤부터 인류는 언어를 발전시키고 문화를 만들어 냈지. 이때 두뇌의 크기는 현재와 비슷했어 (1300~1400cc).

두뇌가 크다고 꼭 지능이 높은 건 아니야. 고래나 코끼리는 사람보다 두뇌가 크지만, 복잡한 사고는 하지 못해. 두뇌의 신경 세포들이 얼마나 잘 연결되어 있는지가 중요해. 침팬지는 사람과 가장 비슷하지만, 두뇌 크기는 3분의 1도 안 되는 수준이야. 이들도 도구를 사용하고 문제를 해결할 수는 있지. 하지만 사람처럼 복잡한 언어나 문명을 발전시키지는 못했어.

동물이 지능을 발전시키지 못한 이유는 여러 가지야. 동물은 이미 그들이 사는 환경에 알맞은 방식으로 살아가고 있었어. 그래서 복잡한 도구나 언어가 필요하지 않았지. 상어는 두뇌 구조가 단순하지만 수억 년간 바다에서 잘 살아남았어.

두뇌가 활동하려면 많은 에너지가 쓰이지. 사람은 생존에 필요한 두뇌의 능력을 발전시키는 데 에너지를 많이 썼어. 다른 동물들은 생존에 필요한 다른 능력을 키우려고 에너지를 사용했지. 예를 들면 치타는 빨리 달리는 능력을 발달시키는 방법을 선택했어.

사람은 사회가 복잡해지면서 협력과 의사소통이 중요해졌어. 그래서 언어와 도구 사용이 발달하고 두뇌도 함께 발전했지. 대다수 동물은 사회를 단순하게 유지했어. 두뇌를 발달시킬 이유가 없었지. 그리고 사람과 달리 특정한 환경에 적응한 동물들은, 두뇌보다 그 환경에서 살아남는 데 필요한 능력만 발전시키면 그만이었어.

나만의 생각머리 만들기

🍀 활동 목표

* 지능이 다양한 기능으로 이루어졌다는 과학적 사실을 이해한다.
* 자신에게 중요한 지능 기능을 선택하고 생각머리 구조로 설계한다.
* 선택한 지능을 키우는 훈련법과 도구를 창의적으로 연결하여 표현한다.
* 선택한 두뇌 기능이 어떻게 작동하는지 설명하고, 친구 질문에 답한다.

🍀 수업 전 배경과 개념 설명

* **지능** 감정, 언어, 관찰, 운동, 음악, 논리 등 다양한 방식으로 문제를 해결하는 힘.
* **지능의 성장** 경험, 연습, 반복으로 신경 세포 연결이 촘촘해지면서 뇌가 더 강해짐.
* **지능 발달 이유** 도구 사용, 불, 언어, 협동 덕분에 사람의 두뇌가 발전했음.
* **동물 지능의 한계** 동물은 환경에 잘 적응해 복잡한 두뇌 없이도 살 수 있음.
* **두뇌의 특징** 크기보다 신경 세포 연결이 중요하고, 연결이 많을수록 뇌가 더 잘 작동함.

🍀 수업 활동

1) 문제 인식과 분석

도입 발문	인류가 자연에 적응한 과정은 지능 발달과 어떤 관련이 있을까요? / 사람마다 잘하는 게 다른데, 나는 어떤 지능이 더 강할까요? / 지능은 훈련으로 나아질 수 있을까요?
활동지 칸	이 활동은 여러 종류의 지능 중 나에게 중요한 기능을 고르고, 그 기능을 설계도와 훈련 방법, 도구를 포함한 생각머리로 표현해 보는 활동이에요.

2) 지능 기능 구성하기+시나리오 쓰기

• 아래 기능 중 3~4개와 내가 만든 기능 1개를 골라, 각각의 쓰임과 필요성을 작성하세요. 그다음 생각머리의 구성과 훈련 과정을 단계별로 자세히 설명하세요.

항목	설명
감정 지능	친구의 감정을 알아채는 지능인데, 감정 필터 안경이 색으로 알려 줘요.
언어 지능	모르는 단어가 나오면 이어폰이 뜻을 들려 줘요.
운동 지능	필요한 장면에서 몸을 빠르게 움직여 친구에게 다가가요.
자기 이해 지능	내 감정과 생각을 연결해 상황에 맞게 이야기로 정리해 줘요.
내가 만든 지능	상상 지능 → 두뇌로 장면을 그려서 이야기의 흐름을 새롭게 만들어요.
시나리오 예시	지오몽은 책을 읽다 모르는 단어를 만나 이어폰으로 뜻을 들었어요. 친구가 슬퍼 보이자 감정 필터 안경이 색으로 알려 줬고, 운동 지능이 작동해 다가갔어요. 자기 이해 지능이 상황을 정리하자 상상 지능이 장면을 떠올려 이야기로 들려줬어요. 친구는 "고마워"라고 했어요.

3) 생각머리 설계도 그리기

• 두뇌 템플릿에 선택한 지능과 만든 지능을 구역별로 배치하고, 각 기능에 말풍선을 달아 설명을 써요. 지능끼리 연결되는 부분은 선으로 나타내고, 지능마다 색깔로 구분하세요.

표현 예시	① 감정 지능 방이에요. 친구와 다툴 때 마음을 차분히 해 줘요. ② 언어 지능 구역이에요. 책을 읽고 말할 힘을 길러 줘요. ③ 운동 지능은 몸을 빠르게 움직이게 해 줘요. ④ 상상 지능은 이야기를 만들고 꿈을 펼치는 데 필요해요.

4) 발표와 친구 질문 응답

발표 항목	예시 문장
생각머리 이름	'생각히어로 2024'예요.
내가 고른 지능	감정 지능, 언어 지능, 운동 지능, 자기 이해 지능을 골랐어요.
내가 만든 지능	상상 지능을 넣었어요. 장면을 떠올려 이야기로 만들 수 있어요.
시나리오 요약	감정 지능으로 친구를 이해하고, 언어 지능으로 말하며, 상상 지능으로 이야기를 만들어요.
친구 질문과 응답	이 능력은 언제 써요? → 친구가 슬퍼 보일 때요.

🍀 교사용 지도 포인트

단계	유도 질문 예시
문제 인식	머릿속에서는 어떤 일이 생길까? / 지능은 왜 필요할까?
지능 구성	어떤 지능을 골랐니? / 너에게 왜 중요할까?
내가 만든 지능	네가 만든 지능은 뭐야? / 왜 필요하다고 생각했니?
시나리오 구성	지능들은 어떤 순서로 움직였니? / 어떻게 이야기로 만들었니?
발표 유도	친구의 생각머리와 뭐가 달랐니? / 어떤 점이 더 좋았니?

🍀 나만의 생각머리 만들기 STEAM 활동 평가 루브릭

평가 항목	평가 루브릭			
	5점(매우 우수)	4점(우수)	3점(보통)	2점 이하(미흡)
과학 개념 이해(지능의 종류, 두뇌 기능, 신경 연결 구조, 지능 발달 요인)	지능 개념을 정확히 이해하고, 선택한 기능과 지능의 발달 원리를 자신의 생활 사례와 연결해 구체적으로 설명함	지능 개념의 대부분이 기능 설명과 실제 예시에 자연스럽게 드러남	일부 지능 개념만 드러났거나 설명이 단편적이어서 기능과의 연결이 약함	지능 개념 이해가 부족하거나 기능 설명과 연결이 안 돼 의도가 불분명함
지능 구성과 흐름 완성도(지능 구성+내가 만든 지능+지능 연결+창의적 설계)	선택한 지능 기능이 자신과 잘 연결되고 내가 만든 기능도 창의적으로 포함되어 전체 구조에 자연스럽게 반영됨	기능 설명과 전체 흐름이 대부분 타당하고, 창의성도 일부 표현되어 있음	기능 구성은 되어 있으나 연결 흐름이 단조롭고, 창의성이 다소 약함	기능 나열에 그치고 연결이 안 되며 창의적 요소가 거의 드러나지 않음
시각 표현과 설계도 완성도(기능 위치, 색상 구분, 설명 말풍선, 연결선 표현)	각 지능 기능의 위치와 색상이 명확하게 표현되어 있으며, 말풍선 설명도 보기 쉽고 구조가 뚜렷하게 잘 드러남	표현 구성과 기능 위치 설명이 대부분 적절하며 전체적으로 이해하기 쉬움	위치 설명이나 색상 표현이 일부 모호하거나 구성 자체가 다소 단조로움	그림만 있거나 설명이 거의 없어 기능이 충분하게 드러나지 않음
설명력과 발표 참여(시나리오 설명+친구 질문 응답)	기능 선택 이유와 시나리오 흐름이 조리 있게 설명되고 친구의 질문에도 논리적으로 충실히 응답함	발표 흐름이 자연스럽고 질문 응답도 대부분 적절하며 이해하기 쉬움	설명이 짧거나 기능 선택·구성·훈련 설명 전개가 약하고, 응답이 다소 단편적임	설명이 부족하고 친구의 질문에도 잘 응답하지 못해 기능을 이해하기 어려움
참여 태도와 협력성(활동 집중도+친구와의 협력)	활동에 몰입하고 설계를 성실히 완성했으며 친구와의 협력과 피드백도 활발히 이루어짐	대부분 집중하여 활동했고 협력과 소통도 잘 이루어짐	활동은 수행했지만 협력이나 피드백이 제한적이었음	활동 참여가 수동적이고 협력 흔적이 거의 없음

※총점 기준 해석표(총 25점)
★23~25점 : 매우 우수 ★19~22점 : 우수 ★15~18점 : 보통 ★10~14점 : 미흡 ★1~9점 : 매우 미흡

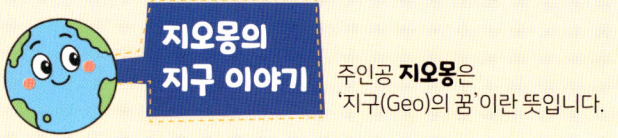

네안데르탈인의 손도끼가 왜 거기서 나와

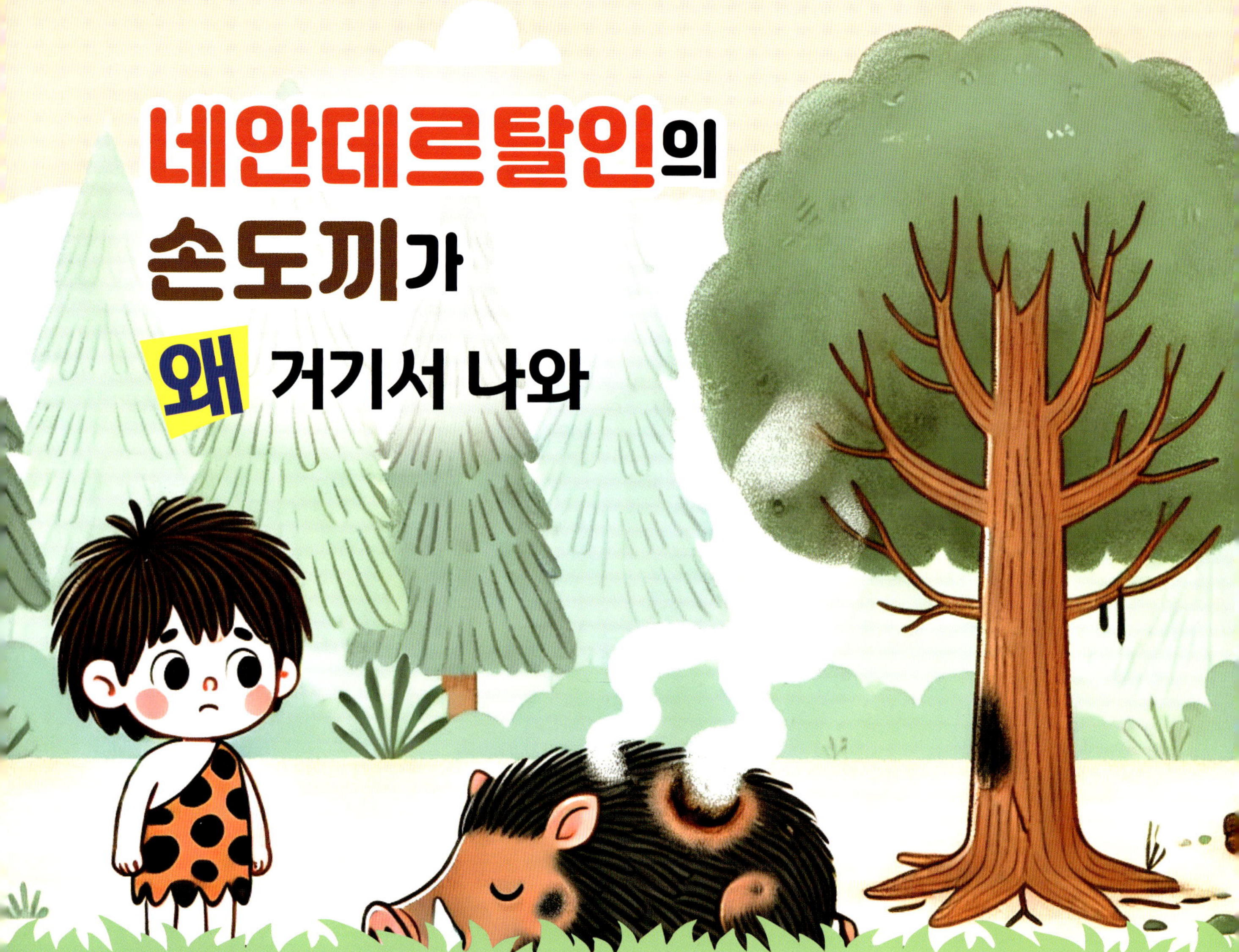

하늘에서 번개가 나무를 때렸어. 지오몽은 무서워서 냅다 도망쳤어. 그런데 불타는 나무가 밝고 따뜻한 빛을 내고, 주변에서는 이상한 냄새가 풍기는 거야. 지오몽이 용기를 내 다가갔어. 사냥하려다 놓친 멧돼지가 새까맣게 그을린 채 자빠져 있었어.

사흘을 굶은 지오몽이 한 입 베어 물어 보았지. 지금까지 먹던 생고기와는 차원이 달랐어. 부드럽고 맛이 좋아 힘이 불끈 솟았지. 지오몽은 타오르는 불씨를 나뭇가지에 옮겨 동굴로 가져왔어. 무서운 동물도 불을 보면 도망쳤어. 지오몽과 무리의 사람들은 불씨를 조심히 보관하며 사용했어. 170만 년 전의 일이야.

　지오몽과 무리의 사람들은 그 뒤부터 사냥한 멧돼지나 사슴을 구워 먹었어. 불에 익힌 고기를 먹으니 소화도 잘되고 병에도 덜 걸렸지. 맹수들도 불을 보면 동굴에 쉽게 접근하지 못했어. 밤에는 모닥불을 피워 동굴 안을 밝혔어. 춥지도 않고, 낮에 못한 가죽 손질도 할 수 있었지.

　불은 사냥에도 도움이 되었어. 숲에 불을 질러 동물을 절벽으로 몰아넣어 잡는 방법이 퍼졌어. 하지만 번개나 산불에서만 불씨를 얻다 보니 불씨를 잃으면 다시 얻기까지 시간이 걸렸어. 지오몽의 후손들은 불씨를 만들 수 있는 방법이 늘 아쉬웠지. 약 100만 년 전의 일이야.

어느 날 지오몽의 후손들이 숲으로 사냥을 나갔어. 멧돼지를 잡으려고 던진 돌이 비껴가면서 바위를 맞혔어. 순간 작은 불꽃이 튀었지. 사람들이 애타게 찾으려던 불씨였어. 오랫동안 노력한 끝에 돌을 부딪쳐 불씨를 만드는 방법을 알아냈어. 나뭇가지와 마른 풀을 모아 불씨를 키웠어.

불은 사냥과 요리, 난방뿐 아니라, 돌로 도구를 만들고 가죽을 손질할 때도 큰 도움이 되었어. 동굴 안에는 불을 피우는 공간이 생겼어. 사람들은 불을 중심으로 모여 이야기를 나누며 사냥의 방법과 경험을 나눴어. 불은 공동체 생활을 발전시키는 중심이 되었지. 40만 년 전의 일이야.

6만 년 전, 지오몽의 후손 네안데르탈인들은 부싯돌로 손도끼를 만들어 사용했어. 손도끼는 사냥을 하고 나무를 자르며, 가죽을 벗기고 음식을 준비하는 데 필요했어. 불씨를 일으키는 데도 쓰였지. 맥가이버 칼처럼 만능이었어.

어느 날 네안데르탈인 청년이 바닷가에서 잡은 물고기를 손질하다 손도끼를 잃어버렸어. 손도끼는 시간이 흐르며 모래에 깊이 묻혔지. 6만 년이 지난 뒤, 영국의 소년 벤이 바닷가에서 놀다 돌을 하나 발견했어. 납작한 물방울 모양의 돌은 한쪽 끝이 뾰족하고, 오묘하게 검푸른 빛을 띠며 반짝였지. 네안데르탈인 청년이 잃어버린 부싯돌 손도끼였어.

■ 2021년 발견된 6만 년 전 네안데르탈인 손도끼. 2024년 12월에 6만 년 전 인류가 쓰던 손도끼임이 밝혀졌다.

생존 손도끼 만들기

🍀 활동 목표

* 도구와 불이 인류의 생존에 어떤 도움을 주었는지 과학적으로 이해한다.
* 지오몽이 처한 위기 상황을 해결할 수 있는 기능을 선택하고 손도끼로 설계한다.
* 손도끼의 구조와 기능을 그림과 설명으로 표현한다.
* 생존 시나리오에서 도끼의 사용 과정을 설명하고, 친구의 질문에 응답한다.

🍀 수업 전 배경과 개념 설명

* **불의 사용** 불은 따뜻함, 요리, 방어, 공동체 형성에 모두 도움이 되었음.
* **손도끼의 기능** 고기 자르기, 구멍 파기, 맹수 방어, 불 피우기 등을 하나로 묶은 도구.
* **도구 진화** 처음엔 기능이 한 가지이던 도구가 점점 여러 기능을 갖추게 되었음.
* **공동체 생활** 도구와 불을 함께 쓰며 사람들이 협동하고 언어로 소통했음.
* **다기능 도구 원리** 여러 기능을 도구 하나에 담으면 크기도 줄고 다양한 상황에 빨리 대응할 수 있음.

🍀 수업 활동

1) 문제 인식과 분석

도입 발문	지오몽이 도끼 없이 살아남을 수 있을까요? / 불도 못 피우고, 고기도 못 썰며, 맹수를 막을 수 없다면 어쩌죠? / 기능을 하나만 쓸 수 있다면 어떤 도구가 좋을까요?
활동지 칸	지오몽이 생존 위기 상황에서 사용할 손도끼를 설계해 보세요. 손도끼를 어떤 재료로 만들며, 어떤 기능이 있고, 어떻게 작동하는지도 표현해 봅시다.

2) 기능 구성하기+시나리오 쓰기

• 아래 기능 중 3~4개와 내가 만든 기능 1개를 골라 보세요. 각 기능이 왜 필요한지 생각하고, 어떤 상황에서 어떤 방식으로 쓰일 수 있을지도 함께 적어 보세요.

항목	설명
불 피우기	돌을 부딪쳐 불꽃을 만들어 불을 피울 수 있습니다.
고기 썰기	날카로운 돌날로 고기를 자를 수 있습니다.
맹수 방어	끝이 뾰족하여 위험한 상황에서 맹수를 막을 수 있습니다.
무게 균형	들고 사용할 때 무게 중심이 잘 잡히도록 설계되어 있습니다.
내가 만든 기능	야광 돌 → 밤에도 도끼의 위치를 쉽게 확인할 수 있습니다.
시나리오 예시	어두운 밤, 늑대가 가족 근처로 다가왔습니다. 지오몽은 '지오쉴드 도끼'로 불을 피우고, 야광 돌 덕분에 위치를 쉽게 찾았습니다. 고기를 썰어 가족과 나눠 먹고, 뾰족한 돌 끝으로 늑대를 막아 냈습니다. 무게 균형 덕분에 빠르게 휘둘러 모두 무사히 밤을 보냈습니다.

3) 손도끼 설계도 그리기

• 손도끼의 앞면이나 옆면을 자세히 그리고, 사용한 재료, 각 기능의 위치, 연결 방식, 길이·무게와 같은 수학적 요소를 정확하고 보기 좋게 표시해 보세요.

표현 예시	① 돌날 : 고기를 썰 수 있어요(1.1킬로그램).	② 손잡이 : 나무+가죽, 미끄럼 방지
	③ 뾰족 구조 : 늑대 막기	④ 길이 : 약 30센티미터, 균형 유지

4) 발표와 친구 질문 응답

발표 항목	예시 문장
도끼 이름	'지오쉴드 도끼'예요.
내가 고른 기능	불 피우기, 고기 썰기, 맹수 방어, 무게 균형을 골랐어요.
내가 만든 기능	어두운 곳에서 도끼의 위치를 쉽게 찾을 수 있도록 야광 돌을 넣었어요.
시나리오 요약	늑대가 다가오자 도끼로 불을 피우고, 고기를 썰고, 돌 끝으로 방어했어요.
친구 질문과 응답	무게가 무거워 보이는데 들 수 있어요? → 네, 1.1킬로그램이라 괜찮아요.

🍀 교사용 지도 포인트

단계	유도 질문 예시
문제 인식	도끼 없이 살아남을 수 있을까? / 불이 없으면 어떤 일이 생길까?
기능 구성	어떤 기능이 필요할까? / 왜 이 기능을 골랐을까?
내가 만든 기능	네가 만든 기능은 어떤 점이 특별해? / 언제 쓰면 좋을까?
시나리오 구성	어떤 순서로 기능이 쓰였을까? / 이야기로 어떻게 풀었니?
발표 유도	친구의 도끼와 뭐가 달랐니? / 네 도끼에서 가장 중요한 건 뭐야?

🍀 생존 손도끼 만들기 STEAM 활동 평가 루브릭

평가 항목	평가 루브릭			
	5점(매우 우수)	4점(우수)	3점(보통)	2점 이하(미흡)
과학 개념 이해(불, 도구, 재료, 다기능)	과학 개념이 손도끼의 설계와 기능 설명에 정확히 반영되어, 불을 얻는 원리와 재료의 특성이 구조와 작동 방식에 드러남	개념이 기능 설명과 구조에 대부분 적절히 포함되어 활동 흐름 속에서 자연스럽게 드러남	과학 개념 중 일부만 드러났고, 설명이 단편적이어서 전체적으로 연결성이 부족함	개념이 부족하거나 기능과 전체적으로 연결되지 않음
기능 구성과 흐름 완성도(선택 기능+내가 만든 기능+기능 연결+창의적 설계)	선택한 기능들이 어떻게 작동하며 서로 연결되는지 명확하고, 전체 구조가 논리적으로 잘 짜여 있어 이해하기 쉬움	기능의 연결 방식이 대부분 타당하며, 내가 만든 기능과 창의성도 비교적 잘 드러나 있음	기능 사이의 연결 구조가 단순하거나 내가 만든 기능에 창의성 표현이 부족함	기능 나열에 그치고, 전개 방식에 대한 설명이 전혀 없음
시각 표현과 설계도 완성도(기능 위치, 재료 구분, 설명 말풍선, 연결선 표시)	선택한 기능의 위치와 재료 구분이 시각적으로 명확히 드러나며, 설계도가 보기 쉽게 정리되어 이해에 도움이 됨	설계도 표현이 명확하고, 기능 위치와 재료 구분도 잘 이루어져 전체 구조를 이해하기 쉬움	기능 표현이 불명확하거나, 어떤 재료가 어떤 기능에 쓰였는지 모호해 구조 이해가 어려움	그림만 있고 설명이 거의 없어 전체 내용의 이해가 어려움
설명력과 발표 참여(시나리오 설명+친구 질문 응답)	기능 설명이 조리 있게 구성되고, 친구의 질문에도 논리적으로 응답해 발표의 흐름이 자연스럽게 이어짐	발표의 흐름이 자연스럽고, 기능 설명과 친구의 질문에 대한 응답도 대부분 잘 연결되어 있음	발표가 짧으며 기능 연결 과정 설명과 친구 질문에 대한 응답이 전반적으로 단편적임	발표가 소극적이고, 기능 설명이나 질문 응답도 거의 없음
참여 태도와 협력성(활동 집중도+친구와의 협력)	활동에 적극적으로 몰입하며 설계에 성실히 참여했고, 친구와 협력도 활발하게 이루어짐	대부분의 시간에 집중하며 참여했고, 친구와의 소통도 비교적 잘 이루어짐	활동에는 참여했지만 집중과 협력이 부족해 친구와 소통이 제한적임	활동이 수동적이고 협력 흔적이 거의 없음

※총점 기준 해석표(총 25점)
★23~25점 : 매우 우수 ★19~22점 : 우수 ★15~18점 : 보통 ★10~14점 : 미흡 ★1~9점 : 매우 미흡

거대 유인원의 슬픈 멸종

오랑우탄, 긴팔원숭이, 고릴라, 침팬지…. 닮은 점이 무얼까. 사람처럼 생긴 원숭이란 점이야. 몸의 생김새가 원숭이보다는 사람에 더 가깝기 때문에 붙은 이름이지. 사람처럼 생긴 원숭이를 한자어로 말하면 '유인원'이라고 해. 사람도 유인원에 들어가지.

원숭이 가운데는 꼬리가 달린 것과 없는 것 두 종류가 있어. 유인원은 원숭이와는 다른 영장류야. 유인원은 또 고릴라와 사람을 빼고는 긴 팔을 이용해 나무를 잘 탄다는 점도 닮았어. 유인원과 원숭이는 원래 같은 조상을 두고 있었어. 그러다 3000만 년 이상 전에 갈라져 나와 다르게 진화(발달)했지.

❶ 오랑우탄
❷ 긴팔원숭이
❸ 고릴라
❹ 침팬지

　1000만 년 전부터 600만 년 전 사이에는, 사람이 침팬지와 공통 조상에서 갈라져 나왔지. 그래서 유인원 가운데 침팬지는 사람과 유전자가 97~98퍼센트(100 가운데 97~98)나 닮았대. 유인원 가운데는 몸집이 큰 유인원과 작은 유인원이 있어.

　큰 유인원에는 사람, 고릴라, 오랑우탄, 침팬지를 포함해 모두 7종이 있고, 작은 유인원인 긴팔원숭이는 20종 정도 있대. 유인원은 사람을 빼고는 모두 멸종 위기에 빠져 있지. 사람들이 유인원이 사는 열대 우림을 파괴해 살 곳이 줄었기 때문이야. 그러다 보니 굶어 죽거나 잡혀서 죽는 거야.

요즘에는 기후 변화까지 겹쳐서 멸종 속도가 빨라지고 있어. 서유럽은 한겨울인데도 폭우가 쏟아지고, 북유럽은 영하 40도가 넘을 만큼 꽁꽁 얼어붙기도 하지. 기후 변화가 두려운 점은 강해 보이는 동물도 갑자기 멸종할 수 있다는 거야.

1만 2000년 전(실제론 4000년 전까지도 일부 생존)에 사라진 긴털매머드를 봐. 매머드는 원래 빙하기에 적응했는데, 그때 날씨가 더워지면서 먹잇감을 찾지 못해 굶어 죽었대. 북극곰도 온난화 탓에 얼음이 녹으면서 멸종 위기에 빠져 있잖아. 중국 남부 지방에서 살다 사라진 거대 유인원(기간토피테쿠스 블래키)도 기후 변화 때문에 멸종한 거래.

■ 29만~21만 년 전에 멸종한 거대 유인원을 상상해서 그린 그림. (사진 : 호주 서던크로스대)

■ 거대 유인원의 얼굴을 상상해 그린 그림. (사진 : 호주 서던크로스대)

이 거대 유인원은 200만 년 이상 전부터 이곳에서 살았대. 그때는 나무 숲이 울창한 데다, 계절의 변화가 거의 없어서 먹이와 물이 풍부했대. 거대 유인원이 살기에 알맞은 환경이었지. 그러다 29만 5000년 전부터 21만 5000년 전 사이에 이 지역 기후가 크게 바뀌었대.

이 바람에 사계절이 생기고, 나무숲 대신 초원이 발달하면서 동물의 먹이 환경에 큰 변화가 생긴 거지. 오랑우탄 등 다른 유인원들은 나무 새싹과 잎, 곤충, 작은 동물 등을 닥치는 대로 먹으며 살아남았어. 하지만 거대 유인원은 물도 제대로 못 먹고 영양가가 낮은 나무껍질만 먹다가 굶어 죽은 거래.

유인원의 생존 전략 선택하기

🍀 활동 목표

* 유인원의 종류와 각각의 생존 환경 특징을 과학적으로 이해한다.
* 기후와 서식지 변화가 생존 전략에 어떤 영향을 주는지 분석한다.
* 유인원으로서 하나의 생존 전략을 선택하고, 그에 맞는 기능을 구성해 본다.
* 선택한 전략과 기능을 시각적으로 표현하고, 이야기로 설명한다.

🍀 수업 전 배경과 개념 설명

* **유인원** 꼬리가 없으며, 사람과 유전적으로 가까운 영장류. 침팬지나 고릴라, 오랑우탄 등이 포함된다.
* **공통 조상** 사람은 약 600만~700만 년 전 침팬지와 공통 조상에서 갈라졌음.
* **생존 전략** 환경에 적응하기 위해 몸의 구조나 생활 방식이 달라지는 방법.
* **기후 변화** 기온과 서식지가 달라지며 먹이나 생활 조건이 바뀌는 현상.
* **구조와 기능** 몸의 구조가 생존을 위해 어떤 일을 하는지 설명하는 말.

🍀 수업 활동

1) 문제 인식과 분석

도입 발문	유인원은 왜 어떤 종류는 나무 위에서 살고, 어떤 종류는 땅 위를 걷게 되었을까요? / 기후가 바뀌면 생존 전략도 달라질까요? / 사람은 어떤 전략으로 유인원과 달라졌을까요?
활동지 칸	내가 유인원이라면 어떤 전략으로 살아남을지 생각해 보고, 그에 필요한 기능들을 정해 나만의 생존 전략을 만들어 이야기로 표현해 보는 활동입니다.

2) 생존 전략 선택+시나리오 쓰기

• 생존 전략(나무 위 생활, 도구 사용, 무리 생활 등)을 하나 고르고, 기능 3~4개와 만든 기능 1개를 더해 환경 배경과 생존 과정을 담은 시나리오를 씁니다.

항목	설명
도구 만들기	손을 사용해 도구를 만들어 생존 확률을 높입니다.
벌레 꺼내기	도구로 구멍 속 벌레를 꺼내 먹을 수 있습니다.
열매 채취	높은 곳에 있는 열매를 따서 먹습니다.
나무 위 피신	위험할 때 나무 위로 올라가 몸을 숨깁니다.
내가 만든 기능	굵은 꼬리 → 나무에서 떨어지지 않도록 몸 균형을 잡을 수 있습니다.
시나리오 예시	나는 도구 사용 전략을 골랐어요. 숲이 어두워서 먹이를 찾기 어려워졌기 때문에, 손으로 벌레를 꺼내고 도구로 열매를 땄어요. 굵은 꼬리 덕분에 나무 위에서도 안전하게 버틸 수 있었고, 무리와 함께 협력해 살아남으며 다음날 이동할 방향도 함께 정했어요.

3) 설계도 그리기

• 선택한 전략에 맞게 진화한 유인원의 모습을 그려 보세요. 그림에 기능(기본+내가 만든 기능)이 어디에 있는지 표시하고, 각 기능의 역할을 말풍선이나 짧은 문장으로 써 보세요.

표현 예시	① 팔 : 도구를 만들어 벌레를 꺼낼 수 있어요.　　② 손 : 높은 나뭇가지에 있는 열매를 따 먹을 수 있어요. ③ 다리 : 나무 위로 재빨리 올라가 몸을 숨길 수 있어요.　④ 코 : 어두운 숲에서도 열매를 잘 찾을 수 있어요. ⑤ 꼬리(내가 만든 기능) : 나무 위에서 균형을 잡을 수 있게 해 줘요.

4) 발표와 친구 질문 응답

발표 항목	예시 문장
전략 이름	'도구 사용 전략'이에요.
내가 고른 기능	도구 만들기, 벌레 꺼내기, 열매 채취, 나무 위 피신 기능을 선택했어요.
내가 만든 기능	굵은 꼬리 → 나무 위에서도 균형을 잡을 수 있어요.
시나리오 요약	손으로 벌레를 꺼내고, 표정으로 신호를 보내며, 꼬리로 균형을 잡았어요.
친구 질문과 응답	나무에서 도구를 쓰면 위험하지 않나요? → 꼬리로 중심을 잡아요!

🍀 교사용 지도 포인트

단계	유도 질문 예시
문제 인식	유인원은 왜 환경에 따라 다르게 살까? / 어떤 환경이 더 위험할까?
기능 구성	이 기능은 왜 필요했을까? / 어떤 상황에 쓰일까?
내가 만든 기능	네가 만든 기능은 뭐야? / 어떤 점이 특별할까?
시나리오 구성	기능은 어떤 순서로 쓰였니? / 이야기로 어떻게 표현했니?
발표 유도	친구의 것과 뭐가 달랐니? / 너만의 특징은 뭐였니?

🍀 유인원의 생존 전략 선택하기 STEAM 활동 평가 루브릭

평가 항목	평가 루브릭			
	5점(매우 우수)	4점(우수)	3점(보통)	2점 이하(미흡)
과학 개념 이해(유인원, 생존 전략, 진화 과정, 환경 변화)	유인원의 생존 전략과 환경 변화 개념이 시나리오와 기능 구성에 정확하고 구체적으로 반영되어 설명됨	개념이 기능이나 시나리오에 대부분 적절히 포함되어 기능 구성에 자연스럽게 드러남	개념이 일부 드러났지만 설명이 단편적이고 내용 전개의 연결이 약함	개념이 부족하거나 전략 또는 기능과 연결되지 않아 설명이 불분명함
기능 구성과 흐름 완성도(전략 선택+내가 만든 기능+기능 연결+창의적 설계)	전략과 기능이 충실히 연결되어 논리적인 흐름을 구성하고, 내가 만든 기능도 창의적으로 잘 표현됨	기능 전개가 대부분 타당하고, 내가 만든 기능과 전략 간 연결도 비교적 잘 이루어짐	기능 연결이 다소 단순하거나 내가 만든 기능 표현이 부족하게 나타남	기능이 단순히 나열되었고 기능 간의 전개 과정 설명이 전반적으로 부족함
시각 표현과 설계도 완성도(기능 배치, 부위 설명, 화살표 연결, 색상 구분)	각 기능의 위치, 설명, 말풍선 등 시각 요소가 명확하게 표현되어 구조 이해가 쉽고 완성도가 높음	설계도에 기능 표현과 설명이 잘 정리되어 있으며, 전체 구조도 보기 쉽게 구성됨	표현은 있지만 일부 기능과 위치가 모호해 전체 설계 내용을 이해하기 어려움	그림만 있으며 설명이 거의 없거나 기능 구조와 위치가 불분명하게 나타남
설명력과 발표 참여(시나리오 설명+친구 질문 응답)	발표가 조리 있게 구성되어 전략과 기능 설명이 명확하고, 친구의 질문에도 논리적으로 잘 응답함	발표 흐름이 자연스럽고 기능 설명과 친구 질문에 대한 응답도 대부분 잘 이루어짐	발표가 짧거나 설명이 부족하고, 질문에 대한 응답도 전반적으로 단편적임	발표가 소극적이고 설명이나 질문에 대한 응답이 부족해 이해하기 어려움
참여 태도와 협력성(활동 집중도+친구와의 협력)	활동에 적극적으로 참여하며 설계에 몰입하고 친구와의 피드백·소통도 활발히 이루어짐	대부분 성실히 참여했고 친구와 협력도 비교적 잘 이루어짐	활동에는 참여했으나 집중이나 친구와의 협력이 부족했음	활동이 수동적이고 협력·소통의 흔적이 거의 없음

※총점 기준 해석표(총 25점)
★23~25점 : 매우 우수 ★19~22점 : 우수 ★15~18점 : 보통 ★10~14점 : 미흡 ★1~9점 : 매우 미흡

05

주인공 **지오몽**은
'지구(Geo)의 꿈'이란 뜻입니다.

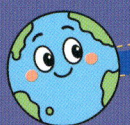

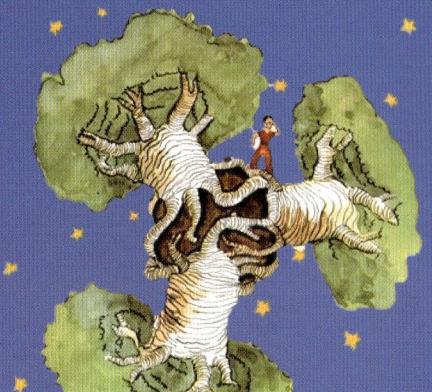

성큼 다가온 영원히 사는 꿈

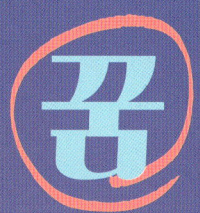

어린 왕자는 'B(비)-612'라는 소행성에서 사는 소년이야. 소행성에 있는 거라고는 바오밥나무와 세 개의 작은 화산이 전부였어. 어린 왕자는 화산의 불을 이용해 요리를 해 먹었대. 그만큼 소행성의 크기가 작다는 얘기야.

어린 왕자는 우울하거나 쓸쓸하면 지는 해를 본다고 했어. 소행성이 작은 만큼 의자의 방향을 움직이기만 해도 지는 해를 몇 번이나 볼 수 있다고 했지. 언젠가는 하루에 44번이나 본 적도 있었대. 소설 『어린 왕자』에 나오는 내용이야. 프랑스 작가이자 비행사였던 앙투안 드 생텍쥐페리(1900~44)가 1943년에 지은 이야기야.

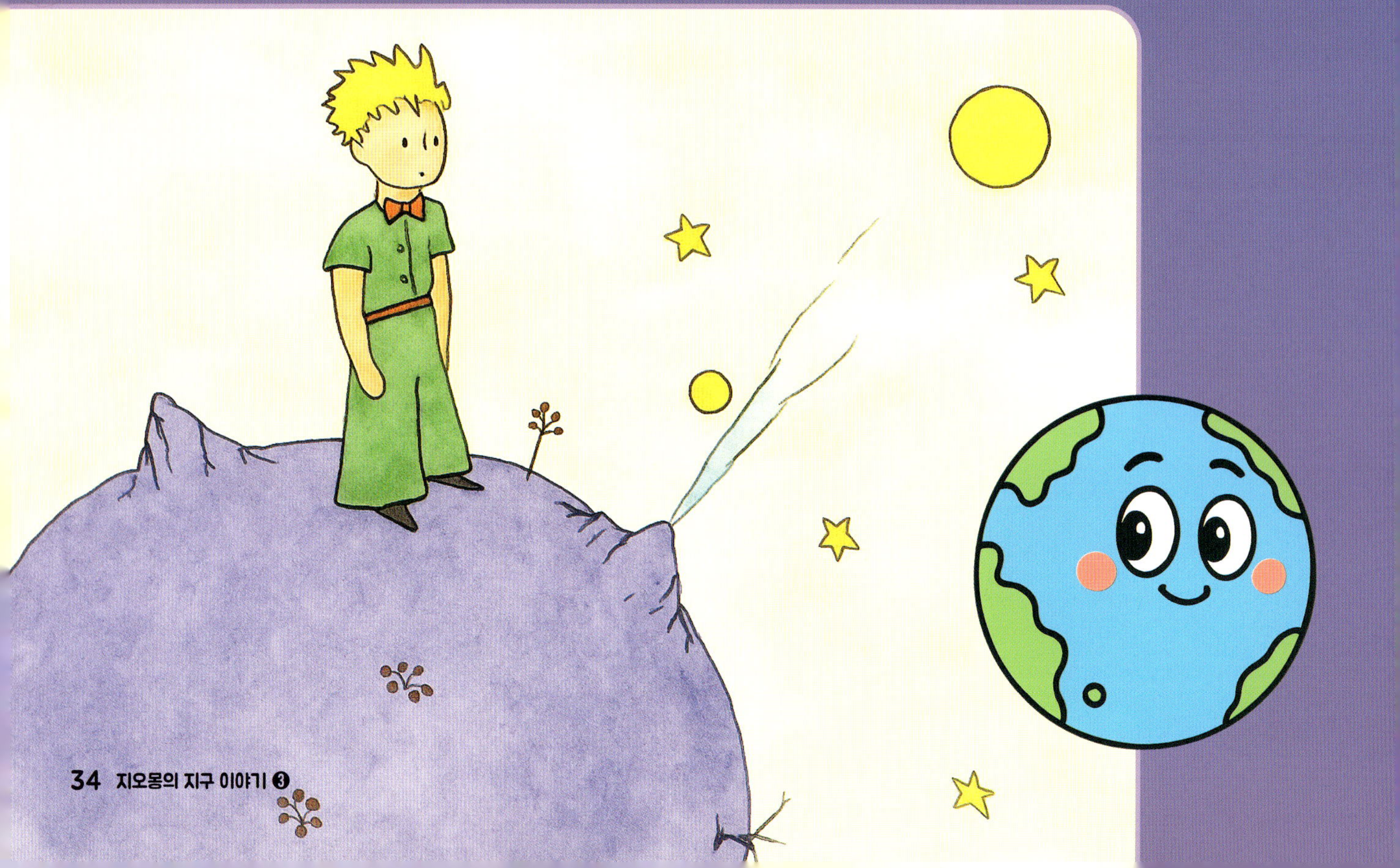

　사람은 이렇게 작은 소행성에서 살기는 어려워. 외롭고 쓸쓸하기도 하겠지만, 지구와는 환경이 너무 달라. 지구보다 중력이 너무 약해서 사람이 우주로 날아갈 거야. 대기층이 거의 없기 때문에 숨쉬기도 어렵고, 햇빛이 그대로 쏟아져 타 버리고 말지. 우주에서 날아오는 방사선도 문제야.

　그런데 앞으로는 사람이 영원히 죽지 않고, 어린 왕자처럼 소행성을 여행하면서 사는 날이 올지도 몰라. 사람의 기억을 컴퓨터에 저장하는 연구가 이뤄지고 있거든. 지금까지는 불사약을 구하려던 중국의 진시황(기원전 259~기원전 210)처럼, 사람의 몸으로 죽지 않는 방법을 연구했지.

■ 진시황

■ 미래에 사람의 기억을 컴퓨터에 저장하는 모습.

　사람의 기억을 컴퓨터에 내려받으면 칩에 저장할 수 있잖아. 그 칩을 인공 몸체(휴머노이드)에 넣고 팔과 다리 등 온몸을 신경망으로 연결하면 생각한 대로 움직일 수 있는 거야. 그럼 인공 몸체가 우주 환경에도 견딜 수 있으니 어린 왕자처럼 소행성을 여행하면서 살 수 있는 거야.

　테슬라라는 전기차 회사를 만든 미국의 일론 머스크(1971~) 알지? 그가 세운 뉴럴링크라는 회사에서 2024년 기어코 일을 내고 말았어. 사람의 뇌에 동전만한 컴퓨터 칩을 심어서, 생각만으로 컴퓨터 스크린에서 마우스를 조작하도록 하는 시험에 성공했대.

Neura link

■ 일론 머스크가 세운 뉴럴링크에서 환자의 머리에 칩을 넣어서 생각만으로 마우스를 움직였다. (사진 : 뉴럴링크)

뇌에 칩을 심은 사람은 몸을 전혀 움직일 수 없는 환자였대. 이 환자는 생각만으로 가능하면 많은 버튼 누르기를 시도하고 있대. 시험이 성공하면 생각하는 것만으로 휴대 전화와 컴퓨터는 물론 이들 기기로 움직일 수 있는 거의 모든 기기를 다룰 수 있을 거래.

꼼짝도 할 수 없는 환자 입장에서는 소원을 푸는 셈이지. 영어 사전이나 수학 공식으로 꽉 채운 칩을 뇌에 넣으면 또 어떨까. 수포자도 안 생기고 공부하지 않아도 되는 세상이 오는 거야. 그럼 한 사람의 기억을 몽땅 칩에 저장해 죽지 않는 인간을 만드는 일도 머지않았다는 얘기야. 이런 날이 오면 어떨까.

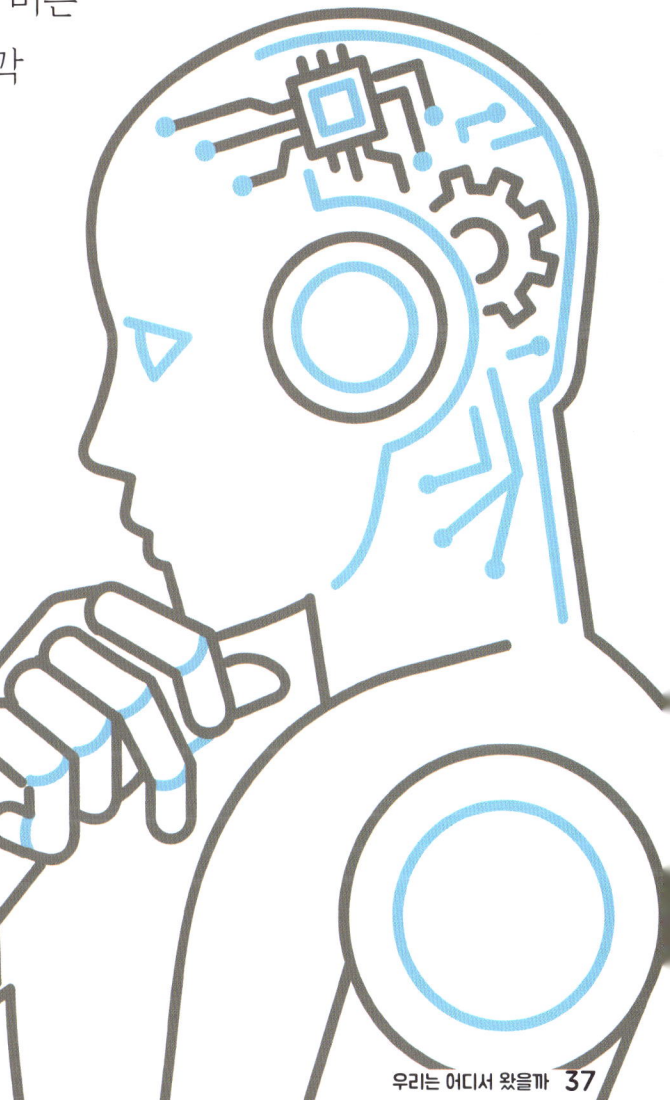

 **활동**

디지털 vs 휴머노이드 인간

🍀 활동 목표

* 디지털 영생과 신체 존재에 대한 개념을 비교하며, 인간의 존재 방식에 대해 생각해 본다.

* 디지털 인간과 휴머노이드 인간의 차이를 이해하고, 나만의 생존 방식을 선택해 본다.

* 선택한 생존 방식에 맞는 기능을 구성해 보고, 구조를 시각적으로 표현해 본다.

* 나의 존재 방식과 이유를 시나리오와 발표를 통해 설명할 수 있다.

🍀 수업 전 배경과 개념 설명

* **디지털 인간** 물리적 몸이 없이 기억과 사고를 칩에 저장해 가상 공간에 사는 존재.

* **휴머노이드 인간** 기억 칩이 인공 신체에 연결되어 실제로 말하고 움직일 수 있는 존재.

* **생존 방식 선택** 신체 유지 또는 기억 보존 중 어느 방식이 더 중요한지 스스로 선택함.

* **기능 설계** 내가 선택한 생존 방식에 맞는 핵심 기능들을 조합하고 설명함.

* **구조 표현** 기능이 몸이나 시스템의 어디에 있고, 무슨 역할을 하는지 시각적으로 표현함.

🍀 수업 활동

1) 문제 인식과 분석

도입 발문	인간이 영원히 산다면 어떤 모습일까요? / 몸이 없고 기억만 있다면, '나'라고 할 수 있을까요? / 기억이 사라지고 몸만 남는다면 존재한다고 할 수 있을까요?
활동지 칸	인간이 몸이나 기억으로 존재할지 선택하고, 그에 맞는 생활 방식과 기능을 상상해 보세요. 디지털 또는 휴머노이드 인간 중 하나를 골라 생존 전략을 만들어 보세요.

2) 생존 방식과 기능 구성하기+시나리오 쓰기

• 디지털 또는 휴머노이드 인간 중 하나를 고르고, 기능 3~4개와 내가 만든 기능 1개로 시나리오를 쓰세요. 배경, 기능 작동, 생활 모습이 드러나야 해요. 동작 제어 센터는 휴머노이드만 사용해요.

항목	설명
기억 저장 칩	생각과 추억을 저장해 잊지 않게 해 줘요.
감정 조절 장치	슬프거나 화날 때 감정을 안정시켜요.
언어 통역기	모든 언어를 번역하고 말할 수 있어요.
동작 제어 센터	인공 몸의 움직임을 정밀하게 조절해요(휴머노이드 전용).
내가 만든 기능	우주 방사선 차단막 → 우주에서도 몸이 손상되지 않도록 보호해요.
시나리오 예시	휴머노이드 인간을 선택했어요. 기억 칩으로 경험을 저장하고, 감정 장치로 마음을 안정시켰어요. 동작 제어 센터로 몸을 잘 움직이고, 언어 통역기로 외계 생명체와 자연스럽게 소통했어요. 방사선 차단막 덕분에 우주에서도 방사선을 막으며 안전하게 지낼 수 있었어요.

3) 설계도 그리기

• 선택한 생존 방식에 맞게 진화한 내 모습을 그려 보세요. 그림에는 선택한 기능(기본 기능+내가 만든 기능)이 어디에 있는지 표시하고, 각 기능의 역할을 말풍선이나 짧은 문장으로 설명하세요.

표현 예시	[휴머노이드 기준] ① 머리 : 기억 칩(기억과 생각을 저장해요.)　② 가슴 : 감정 조절 장치(감정이 흔들릴 때 안정돼요.) ③ 팔 : 제어 센터(동작을 조절해요.)　④ 입 : 통역기(모든 언어를 말하고 이해해요.) ⑤ 피부 : 방사선 차단막(우주에서 몸을 보호해요.)

4) 발표와 친구 질문 응답

발표 항목	예시 문장
생존 방식 이름	'휴머노이드 인간'이에요.
내가 고른 기능	기억 저장 칩, 감정 조절 장치, 언어 통역기, 동작 제어 센터를 선택했어요.
내가 만든 기능	우주에서도 몸이 손상되지 않도록 방사선 차단막을 만들었어요.
시나리오 요약	감정을 조절하고 기억을 저장하며, 몸을 움직여 우주에서도 안전하게 살아요.
친구 질문과 응답	기계 몸이면 감정을 못 느끼지 않나요? → 감정 조절 장치 덕분에 괜찮아요.

🍀 교사용 지도 포인트

단계	유도 질문 예시
문제 인식	인간은 왜 몸이 있어야 할까? / 몸이 없으면 어떤 점이 불편할까?
기능 구성	선택한 기능은 왜 필요할까? / 어떤 상황에서 쓰였을까?
내가 만든 기능	너만의 기능은 뭐였어? / 왜 그런 기능을 만들었니?
시나리오 구성	하루 동안 어떤 기능을 썼니? / 어떤 순서로 작동했니?
발표 유도	친구와 어떤 점이 달랐니? / 네 기능 중 가장 특별한 건 뭐였니?

🍀 디지털 vs 휴머노이드 인간 STEAM 활동 평가 루브릭

평가 루브릭				
평가 항목	5점(매우 우수)	4점(우수)	3점(보통)	2점 이하(미흡)
과학 개념 이해(디지털 존재, 휴머노이드 신체, 감정 조절 기술, 우주 생존 기술)	디지털 인간과 휴머노이드 인간의 개념을 정확하게 이해하고, 생존 방식의 차이를 기능과 시나리오에 자연스럽게 잘 담아냄	개념이 대부분 시나리오와 기능 구성에 나타나며, 선택한 방식과도 잘 연결됨	개념이 일부 드러났지만 설명이 단편적이고, 선택한 방식과 연결이 약함	개념의 표현이 부족하거나 생존 방식과의 연관성이 다소 모호하게 드러남
기능 구성과 흐름 완성도(생존 방식+내가 만든 기능+기능 연결+창의적 설계)	선택한 기능이 생존 방식과 논리적으로 연결되고, 내가 만든 기능과 설계도 잘 반영됨. 각 기능의 역할도 분명하게 드러남	기능과 작동 방식이 적절하며, 만든 기능과 설계도 일부 요소가 결과물에 반영됨	기능은 선택했으나 연결이 약하고, 내가 만든 기능에 창의성이 부족함	기능이 나열되어 있고, 생존 방식과의 연결이 약하며 창의성도 다소 부족함
시각 표현과 설계도 완성도(기능 위치, 구조 흐름, 기능 설명, 도식 표현)	기능의 위치, 작동 방식, 말풍선 등 시각 표현이 명확하게 보이고, 전체 구조 흐름도 쉽게 이해할 수 있도록 표현됨	기능 설명과 구조 표현이 잘 이루어져 있어, 보기 쉽게 이해할 수 있음	기능 표현은 있지만 위치나 흐름이 불명확하거나 연결 설명이 부족함	그림만 있고 설명이 없거나, 기능이 구조 속에서 제대로 드러나지 않음
설명력과 발표 참여(시나리오 설명+친구 질문 응답)	발표가 조리 있게 구성되어 생존 방식과 기능의 설명이 자연스럽고, 친구의 질문에도 논리적으로 자세히 응답함	설명이 자연스럽고 기능 전달도 잘되며, 친구의 질문에도 무리 없이 잘 답함	설명이 짧거나 일부 내용이 빠졌으며, 질문 응답이 전반적으로 단편적임	발표가 소극적이고 설명이나 응답이 어려워서 발표의 흐름이 자주 끊김
참여 태도와 협력성(활동 집중도+친구와의 협력)	활동에 적극 참여하고 기능 구성과 설계에 몰입했으며, 친구와의 피드백도 활발하게 잘 나눔	성실히 참여하며 친구와 의견을 주고받는 모습이 있음	활동은 했으나 집중력이나 협력 태도가 전반적으로 부족했음	활동이 수동적이며 협력이나 소통의 흔적이 거의 없었음

※총점 기준 해석표(총 25점)
★23~25점 : 매우 우수 ★19~22점 : 우수 ★15~18점 : 보통 ★10~14점 : 미흡 ★1~9점 : 매우 미흡

Chapter

2

환경 문제와 인류의 실천

06

소의 트림과 방귀에 왜 세금을 물릴까

뉴질랜드가 2025년부터 소나 양 등 가축의 트림과 방귀에 세금을 물리기로 했어. 세계에서 최초야. 왜 세금을 물리냐고? 소나 양 등 되새김질을 하는 가축의 트림과 방귀에서 나오는 메테인을 줄이기 위함이야. 메테인을 왜 줄여야 하냐고?

메테인은 이산화탄소보다 최고 25배나 강력한 온실가스야. 온실가스란 지구의 기온을 높이는 주범이지. 공기 중에 온실가스가 늘어나면 햇빛을 받은 땅에서 내뿜는 열을 더 많이 붙잡게 돼. 그럼 우주로 달아나던 열이 땅으로 더 많이 내려와 기온을 올리는 거지. 비닐로 씌운 온실처럼 온실가스가 비닐 역할을 하는 거야.

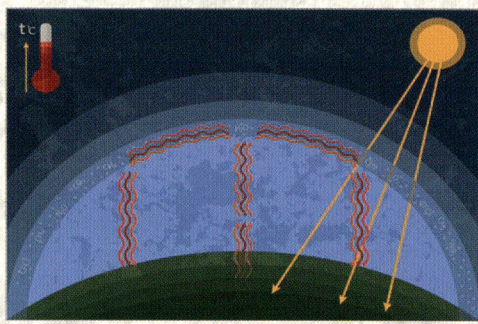

■ 메테인(CH_4)과 이산화탄소(CO_2)가 지구 온난화를 일으키는 온실가스다.

　사람 때문에 생기는 온실가스 전체를 100개로 놓고 보면 이산화탄소가 77개래. 메테인은 14개를 차지해. 그런데 이산화탄소보다 메테인이 최고 25배(100년 동안 기준) 강력해서 온난화에 더 큰 영향을 주는 거지. 소 1마리가 트림이나 방귀 등으로 내뿜는 메테인은 매일 500리터쯤이래. 자동차 1대가 내뿜는 온실가스와 맞먹는 양이지.

　소에서 나오는 메테인은 지구 전체 메테인 배출량의 약 5퍼센트(100 가운데 5)쯤이래. 그리고 지구 전체 온실가스의 약 14.5퍼센트는 축산업에서 나온다고 해. 자동차와 비행기 등 모든 교통수단에서 나오는 온실가스와 비슷하거나 조금 더 많대.

뉴질랜드가 가축에서 나오는 메테인을 줄이려는 이유는, 나라 전체 온실가스 배출량의 절반이 축산업과 농업에서 생기기 때문이야. 뉴질랜드의 인구는 500만 명이지만, 소는 1000만 마리(세계 32위), 양은 2600만 마리를 기르고 있어.

축산업에서 메테인의 배출을 줄이면, 그만큼 온난화를 늦추는 효과가 크다는 얘기야. 세금을 물리면 2030년까지 메테인 배출을 2017년보다 10퍼센트 줄일 수 있을 거래. 농가에서 메테인 배출을 줄이면 돈을 준대. 그러니 세금을 내는 것보다 메테인 발생을 줄이는 사료 첨가제를 먹이는 게 이익이 될 거야.

　세계 전체에서 기르는 소는 2023년 현재 13억 마리, 양은 10억 마리, 돼지는 10억 마리래. 우리나라는 소가 316만 마리, 양은 거의 없고, 돼지는 1164만 마리를 길러. 공기 중의 메테인 양은 지난 15년간 꾸준히 늘었어. 2005년을 기준으로 산업 혁명 전보다 2배 넘게 늘었대. 더구나 2022년에는 과거 어느 해보다 가장 많이 늘었대.

　유엔은 메테인 배출을 절반만 줄여도 기온이 0.3도만큼 오르는 것을 막을 수 있다고 했어. 이렇게 되면 온난화로 건강이 나빠져 숨지는 수많은 사람의 생명을 지킬 수 있대. 그러니 어떡하겠어. 햄버거 등 고기 음식을 줄일 수밖에.

이런 뜻이에요

산업혁명 1760년대 영국에서 100년 동안 세계 곳곳에서 일어난 기계의 발명과 기술의 발전. 기후학에서는 1850~1900년의 평균 기온을 말하는데, 지금은 그때보다 1도쯤 더 오른 상태다.

메테인 제로 농장 설계하기

🍀 활동 목표

* 가축의 트림과 방귀에서 나오는 메테인이 기후 변화에 미치는 영향을 과학적으로 이해한다.
* 방귀세와 같은 정책의 배경을 이해하고, 메테인을 줄이기 위한 기술과 장치를 탐색한다.
* 저메테인 농장을 설계하고, 필요한 기능을 구성하여 시각적으로 표현해 본다.
* 농장의 작동 원리와 기대 효과를 시나리오와 발표로 설명할 수 있다.

🍀 수업 전 배경과 개념 설명

* **메테인** 가축의 트림과 방귀에서 나오는 강력한 온실가스.
* **온실가스** 열을 가두어 기온을 높이는 기체. 메테인의 온실 효과는 이산화탄소의 25배다.
* **방귀세** 뉴질랜드가 가축 메테인 배출에 부과하기로 한 환경세.
* **저메테인 사료** 장내 발효를 줄여 메테인을 적게 만드는 특수 사료.
* **바이오 가스** 가축의 배설물과 방귀에서 얻는 재생 가능 에너지원.

🍀 수업 활동

1) 문제 인식과 분석

도입 발문	방귀세 없이도 메테인을 줄일 수 있을까요? / 사료만 바꿔도 온실가스를 줄일 수 있다면, 농장은 어떻게 달라질까요? / 지구를 지키기 위해 할 수 있는 일은 무엇일까요?
활동지 칸	소의 방귀를 줄여 지구와 농장을 지키는 저메테인 농장을 설계해요. 구조와 기능을 정하고, 작동 과정을 이야기로 표현해 보며, 환경을 살리는 방법도 고민해 보세요.

2) 기능 구성하기+시나리오 쓰기

• 아래 기능 중 3~4개와 내가 만든 기능 1개를 골라, 각 기능이 어떤 문제를 해결하는지 쓰고, 농장에서 하루 동안 기능들이 어떤 순서로 작동하는지 짧은 시나리오로 연결해 보세요.

항목	설명
방귀 분석 센서	방귀와 트림 속 메테인을 감지하고 경고를 보냅니다.
저메테인 사료 공급기	발효를 줄이는 사료를 자동으로 공급합니다.
메테인 포집기	나오는 가스를 모아 바이오 가스로 다시 사용해요.
환기형 축사	메테인이 축사 안에 쌓이지 않도록 공기를 잘 통하게 합니다.
내가 만든 기능	스트레스 감지기 → 소가 불안할 때 감정을 읽고 음악을 들려줘 방귀를 줄여요.
시나리오 예시	아침에 태양광 전기로 농장이 움직이고, 센서가 메테인을 감지해요. 경고가 울리면 사료 공급기가 저메테인 사료를 주고, 포집기는 가스를 저장해요. 환기 장치가 축사를 시원하게 하고, 감지기는 음악을 틀어 방귀를 줄여요. 모은 가스는 바이오 가스로 쓸 수 있어요.

3) 설계도 그리기

• 선택한 기능을 농장 위에 배치하고, 기능 간 흐름을 그림으로 표현해 보세요. 기능이 어디에 있고 어떤 역할을 하는지 말풍선이나 숫자로 설명해 보세요.

표현 예시	① 아침에 태양광으로 농장 전기가 켜져요. ③ 감지되면 사료 공급기가 저메테인 사료를 줘요. ⑤ 감지기는 음악을 틀어 방귀를 줄여요.	② 센서가 메테인을 감지해요. ④ 가스는 포집기로 모아 바이오 가스로 써요.

4) 발표와 친구 질문 응답

발표 항목	예시 문장
농장 이름	'메테인 제로 팜'이에요.
내가 고른 기능	저메테인 사료 공급기, 방귀 분석 센서, 메테인 포집기, 환기형 축사를 선택했어요.
내가 만든 기능	소가 불안할 때 스트레스 감지기가 작동해 음악을 틀어 방귀를 줄여요.
시나리오 요약	센서가 방귀를 감지하면 사료·포집기·환기·감지기 기능이 차례로 작동해 메테인을 줄여요.
친구 질문과 응답	소가 센서를 무서워하면 어떡해요? → 익숙해지도록 미리 훈련했어요.

🍀 교사용 지도 포인트

단계	유도 질문 예시
문제 인식	방귀는 왜 기후 문제일까? / 방귀세는 왜 생겼을까?
기능 구성	어떤 기능이 필요했을까? / 어떻게 연결되었을까?
내가 만든 기능	네가 만든 기능은 뭐야? / 어떤 문제를 해결했니?
시나리오 구성	기능들이 어떻게 작동했니? / 어떤 순서로 움직였니?
발표 유도	너의 농장은 뭐가 달랐니? / 어떤 점이 돋보였니?

🍀 메테인 제로 농장 설계하기 STEAM 활동 평가 루브릭

평가 항목	평가 루브릭			
	5점(매우 우수)	4점(우수)	3점(보통)	2점 이하(미흡)
과학 개념 이해(메테인, 온실가스, 방귀세, 바이오 가스)	메테인 발생과 기후 영향, 방귀세의 의미를 정확히 이해하고 설계에 잘 반영함. 개념과 용어가 설명에 구체적으로 담김	개념이 대체로 잘 드러나며, 기능 구성이나 시나리오 흐름에도 비교적 잘 녹아 있음	개념은 일부 표현되었지만 설명이 부족하고, 설계와의 연결도 약하게 나타남	개념 이해가 부족하고 기능이나 설계와 잘 연결되지 않아 이해하기 어려움
기능 구성과 흐름 완성도(기능 구성+내가 만든 기능+기능 연결+창의적 설계)	기능이 기후 문제 해결에 맞게 잘 연결되고, 만든 기능과 창의 설계가 자연스럽게 표현됨. 기능 역할과 순서도 분명함	기능 구성과 순서가 대체로 적절하고, 만든 기능과 창의 설계 일부가 자연스러움	기능은 있으나 연결이 약하고, 만든 기능에 창의적인 요소가 부족하게 나타남	기능이 단순히 나열됐고, 흐름 설명이나 창의적 요소가 거의 드러나지 않음
시각 표현과 설계도 완성도(기능 위치, 기능 설명, 작동 순서, 연결 화살표)	기능의 위치와 작동 방식이 말풍선 등으로 명확하게 표현되어 있고, 전체 과정도 쉽게 이해할 수 있음	기능과 설명이 잘 정리돼 있으며, 기능 연결도 대체로 이해 가능한 수준으로 표현됨	기능은 있으나 위치와 연결 설명이 부족해 전체 구조를 파악하기 어렵게 느껴짐	그림만 있고 기능 설명이 거의 없으며 전체 구조가 모호해서 이해하기 어려움
설명력과 발표 참여(시나리오 설명+친구 질문 응답)	발표가 조리 있게 문제 제시와 기능 소개, 원리 설명, 기대 효과로 이어지고, 질문에도 명확히 응답함	시나리오 설명이 대부분 자연스럽고, 친구의 질문에도 비교적 충실히 응답함	발표가 짧거나 설명이 부족하고, 친구 질문에 대한 응답도 단편적으로 제시됨	발표가 전반적으로 소극적이며, 설명이나 친구 질문에 대한 응답이 부족함
참여 태도와 협력성(활동 집중도+친구와의 협력)	활동에 적극 참여하고 설계와 기능 구성에 집중했으며, 친구와의 피드백과 협력도 활발함	성실히 참여하고 친구와의 협력도 비교적 잘 이뤄짐	활동에는 참여했지만 집중도나 협력 태도가 전반적으로 부족함	활동에 소극적이고 협력과 소통이 거의 이뤄지지 않음

※총점 기준 해석표(총 25점)
★23~25점 : 매우 우수 ★19~22점 : 우수 ★15~18점 : 보통 ★10~14점 : 미흡 ★1~9점 : 매우 미흡

엄마가 버린 약이
사람과 지구 건강 망쳐요

지오몽은 몸이 튼튼해. 겨울에도 감기 한 번 안 걸리고, 여름에도 배탈이 나지 않아. 엄마가 그러시는데, 편식을 하지 않고 무엇이든 잘 먹어서 그렇대. 잘 웃고, 잠도 충분히 자지. 그리고 매일 밖에 나가서 걸으며 햇빛을 쬐기 때문이야.

그런데 몸이 건강하지 못해 알약과 가루약, 물약 등 약이란 약은 모두 달고 사는 친구들도 있어. 오늘은 지오몽이 그런 친구들을 위해 엄마에게 잔소리를 하는 방법을 알려 주려고 해. 무슨 잔소리냐고? 먹다 남은 약을 엄마가 어떻게 처리하는지 잘 살펴봐. 쓰레기 봉투에 담아 그냥 버리는 모습을 보지는 못했어?

엄마가 아무렇게나 버린 약이 돌고 돌아 나중에는 우리 가족을 위험에 빠뜨린다면 믿겠어? 약은 사람이 화학 물질로 만들기 때문에 자연에 버려지면 플라스틱처럼 잘 썩지를 않아. 그리고 언제라도 독성이 아주 강한 물질로 바뀔 수 있어.

나라에서 전국에 있는 하천의 물을 떠다 검사해 보니, 물에서 갖가지 약품 성분이 나왔다는 거야. 그중에는 사람의 건강을 해치는 항생제도 있었대. 하천이나 땅속에 사는 세균(박테리아)이 항생제를 먹으면 어떤 항생제를 써도 죽지 않는 슈퍼박테리아로 변한단 말이야. 그럼 사람이 슈퍼박테리아에 감염될 경우 고칠 수 없다는 거지.

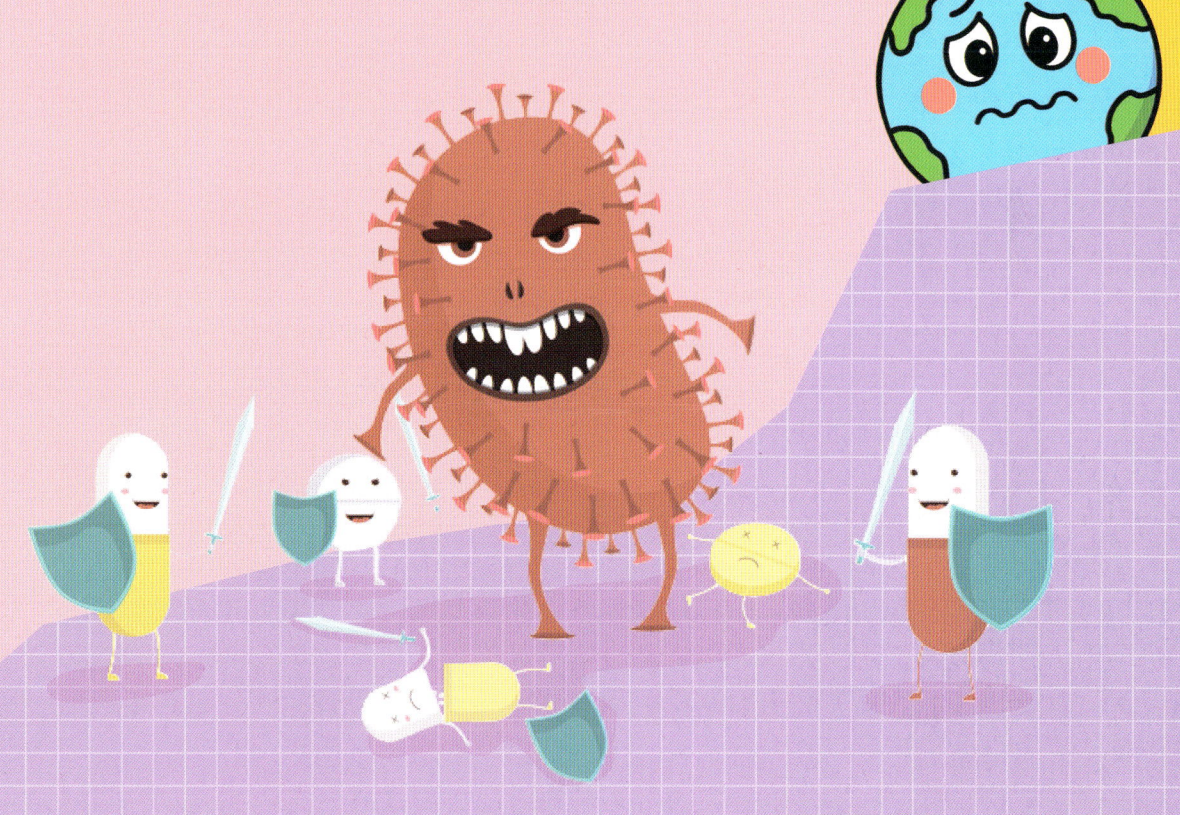

이런 뜻이에요

항생제 세균을 자라지 못하게 막거나 세균을 죽여서 세균 감염을 치료하는 데 쓰이는 약.

폐의약품 수거함

투입구
밀어서 넣어 주세요

폐의약품 배출 요령

알약/ 가루약
포장지 그대로
개봉하지 말고 배출
(겉 포장만 제거)

물약/ 연고 등
마개를
잘 잠그고
용기째 배출

폐 의 약 품 수 거 문 의
(주)초록숲 02-403-3003

영국의 한 대학에서 조사했더니, 바다로 흘러든 약 때문에 한 몸에 암컷과 수컷의 성질을 다 가진 물고기도 나왔대. 집에서 아무 생각 없이 버린 약이 환경을 망치고, 물고기에게도 나쁜 영향을 준 거야.

그러니 엄마가 약을 쓰레기봉투에 넣어 버리려고 하면 "엄마, 멈춰요!"라고 말해야 돼. 우리 국민 100명 가운데 55명은 남은 약을 버리는 방법을 모른대. 유통 기한이 지나거나 먹다 남은 약을 쓰레기통에 버리거나 변기에 흘려보낸다고 했어. 지금부터는 꼭 남은 약을 모아 두었다가 동네 약국이나 보건소에 있는 폐의약품 수거함에 가져다 버려야 해.

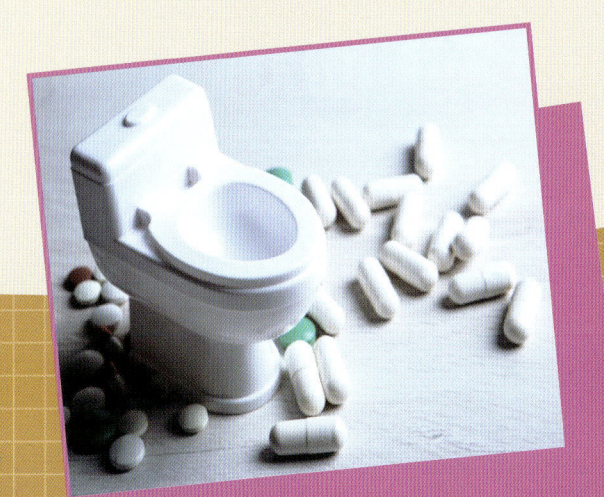

폐의약품 수거함에 버리기 전까지는 집에서 알약과 가루약, 물약으로 나눠 모으는 일이 중요해. 알약은 포장지를 뜯지 말고 그대로 모아야 해. 가루약은 봉지를 열지 않고 두어야 해. 봉지를 뜯으면 가루가 흩어져 좋지 않아. 물약과 시럽은 뚜껑을 단단히 닫아서 원래 용기에 담아 둬야 안전해.

다시 말하지만 남은 약을 싱크대나 변기에 버리면 절대로 안 돼. 그리고 연고처럼 용기와 내용물을 분리하기 어려우면 용기째 폐기함에 넣어도 돼. 가장 좋은 방법은 배출량을 줄이는 거야. 처방 받은 약은 남기지 말고, 비상 약품을 사기 전에 집 안의 약품함부터 살피는 거야.

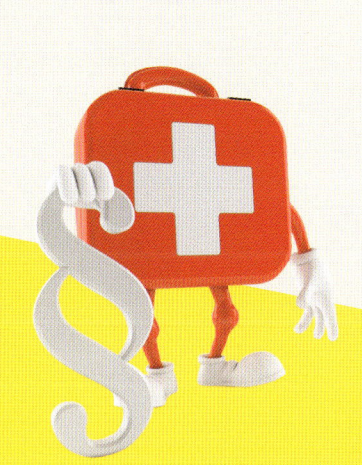

활동 약물 없는 싱크대 만들기

🍀 활동 목표

✳ 약을 싱크대나 변기에 버릴 경우 생기는 환경 문제를 이해한다.

✳ 하수도를 통해 약물이 퍼지는 과정을 과학적으로 추론해 본다.

✳ 약물이 배출되지 않도록 막는 배수구 차단 장치를 설계한다.

✳ 장치나 시스템 기술을 시각적으로 표현하고 설명한다.

🍀 수업 전 배경과 개념 설명

✳ **약물 오염** 버려진 약이 물을 오염시키고 생물에게 영향을 줌.

✳ **하수 순환** 하천 → 강 → 바다로 이어지는 물의 순환.

✳ **환경 공학** 오염을 줄이기 위한 장치나 시스템을 설계하는 과학 분야.

✳ **약물 감지 센서** 물속의 약 성분을 탐지하는 장치.

✳ **물과 독성** 물속에 녹은 약물이 분해되지 않아 축적되며 위험 발생.

🍀 수업 활동

1) 문제 인식과 분석

도입 발문	약을 싱크대에 버리면 어디까지 갈까요? / 약 한 알이 바다를 오염시킬 수 있다면, 그냥 흘려보내도 될까요? / 막을 방법이 있다면 어떤 장치를 만들 수 있을까요?
활동지 칸	먹다 남은 약이 바다로 흘러가지 않도록 막는 '약물 차단 장치'를 설계해 보세요. 어떤 방식으로 약물을 차단하고, 작동 원리는 어떤지도 함께 정리해 보세요.

2) 기능 구성하기+시나리오 쓰기

• 아래 기능 중 3~4개와 내가 만든 기능 1개를 골라, 각각 어떤 문제를 막는지 생각해 보고, 물이 흘러갈 때 기능들이 어떤 순서로 작동하는지 짧은 시나리오로 써 보세요.

항목	설명
약물 감지 센서	물속에 약물이 섞이면 탐지해서 경고음을 울려요.
자동 잠금 배수판	약물이 감지되면 배수구를 닫아 하수도로 흘러가지 않게 해요.
거름망 필터	액체나 알약, 가루약을 걸러내고 물과 분리해요.
색 변화 경고등	약물이 감지되면 빨간 불빛으로 사용자에게 경고를 해요.
내가 만든 기능	약물 알림 종 → 약물이 들어가면 "안 돼요!"라는 경고 소리가 나요.
시나리오 예시	'약물 차단 장치'는 약물 감지 센서로 오염을 알아내요. 감지되면 자동 잠금 배수판이 닫히고, 거름망 필터가 약물을 걸러 내요. 동시에 색 변화 경고등이 빨갛게 변하고, 마지막엔 "안 돼요!"라는 알림 소리가 울려요. 이 장치는 약물이 바다로 흘러드는 걸 막아 줘요.

3) 설계도 그리기

• 선택한 기능을 차단 장치의 구조 안에 배치하고, 작동 흐름을 그림으로 표현하세요. 기능의 위치와 역할, 연결 순서를 말풍선, 번호, 화살표 등으로 시각화해 보세요.

표현 예시	① 감지 센서가 약물을 탐지해요.　②경고등이 붉게 변해요.　③ 자동 잠금 배수판이 닫혀요. ④ 거름망 필터가 약물을 걸러내요.　⑤ 약물 알림 종이 소리로 경고해요.

4) 발표와 친구 질문 응답

발표 항목	예시 문장
장치 이름	'약 차단 싱크캡'이에요.
내가 고른 기능	감지 센서, 자동 배수판, 색 변화 경고등, 거름망 필터를 선택했어요.
내가 만든 기능	약물이 감지되면 "안 돼요!" 하고 경고하는 '알림 종' 기능을 만들었어요.
시나리오 요약	약물이 감지되면 불이 켜지고, 배수판이 닫힌 뒤 필터와 알림 종 기능이 작동해요.
친구 질문과 응답	센서가 약을 못 알아보면요? → 아주 민감하게 설계해서 놓치지 않아요.

🍀 교사용 지도 포인트

단계	유도 질문 예시
문제 인식	약물이 하수도를 타고 흘러가면 무슨 일이 생길까? / 바다로 가면 생물에 어떤 해를 줄까?
기능 구성	오염을 막기 위해 어떤 기능이 필요할까? / 각각의 기능은 어떤 역할을 할까?
내가 만든 기능	네가 만든 기능은 왜 필요했니? / 어떤 문제를 해결하려고 했니?
시나리오 구성	기능들은 어떤 순서로 작동했니? / 너의 장치는 어떻게 이야기로 표현했니?
발표 유도	친구의 장치와 비교했을 때 어떤 점이 달랐니? / 어떤 점이 더 잘 작동했니?

🍀 약물 없는 싱크대 만들기 STEAM 활동 평가 루브릭

평가 항목	평가 루브릭			
	5점(매우 우수)	4점(우수)	3점(보통)	2점 이하(미흡)
과학 개념 이해(약 오염, 하수도 흐름, 물속 생물 피해, 먹이 사슬 전달)	약물 오염이 생물과 환경에 미치는 영향을 명확하게 이해하고, 개념과 용어를 장치 설계에 구체적으로 충분히 반영함	개념이 대체로 잘 드러나며, 기능 구성이나 시나리오에도 비교적 잘 녹아 있음	개념은 일부 표현되었으나 설명이 부족하고, 구조 설계와의 연결이 약함	개념 이해가 부족하고, 기능이나 설계와의 연결도 거의 드러나지 않음
기능 구성과 흐름 완성도(기능 구성+내가 만든 기능+기능 연결+창의적 설계)	기능이 문제 해결 목적에 맞게 잘 연결돼 있고, 내가 만든 기능과 창의 설계가 자연스럽게 표현됨. 기능 역할과 순서도 뚜렷함	기능 구성과 흐름이 적절하며, 내가 만든 기능과 창의 설계 일부가 자연스럽게 반영됨	기능은 있으나 연결 설명이 약하고, 내가 만든 기능에 창의성이 부족함	기능이 단순 나열이고, 연결 설명과 창의적 요소가 거의 드러나지 않음
시각 표현과 설계도 완성도(기능 위치, 기능 설명, 작동 순서, 흐름 화살표)	기능의 위치와 작동 방식이 말풍선 등으로 명확히 표현돼 있고, 전체 흐름도 쉽게 이해할 수 있도록 구성됨	기능과 설명이 잘 정리되고, 기능 연결도 대체로 이해 가능하며 표현도 비교적 적절함	기능은 있으나 위치와 기능 연결 과정 설명이 부족해 구조 파악이 어려움	그림만 있고 기능에 대한 설명이 거의 없으며, 전체적인 구조가 모호함
설명력과 발표 참여(시나리오 설명+친구 질문 응답)	발표의 전개에 조리가 있고 자연스럽게 이어지며, 친구의 질문에도 논리적이고 아주 구체적으로 응답함	설명 내용과 과정이 대부분 알차고 자연스러우며, 질문에도 비교적 성실하게 답함	발표가 짧거나 설명이 부족하고, 질문 응답도 전반적으로 단편적임	발표가 소극적이며, 설명이나 질문 응답이 부족해 흐름이 자주 끊김
참여 태도와 협력성(활동 집중도+친구와의 협력)	활동에 적극 참여하고 설계와 기능 구성에 집중했으며, 친구와의 피드백과 협력도 활발함	성실히 참여하고 친구와의 협력도 비교적 잘 이뤄짐	활동은 했지만 집중도나 협력 태도가 전반적으로 부족함	활동에 소극적이고, 협력과 소통이 거의 이뤄지지 않음

※총점 기준 해석표(총 25점)
★23~25점 : 매우 우수 ★19~22점 : 우수 ★15~18점 : 보통 ★10~14점 : 미흡 ★1~9점 : 매우 미흡

08

새우 많이 먹으면 온실가스가 늘어난다고?

2024년 여름에는 영국과 프랑스, 그리스, 이탈리아 등 유럽이 펄펄 끓었지. 영국은 기온이 역사상 최고 높은 40.3도를 찍은 곳이 나왔어. 지금까지는 39.1도가 가장 높았대. 이웃 나라인 프랑스도 40도가 넘는 곳이 많았어.

기온이 높다 보니 곳곳에서 철로가 휘고, 아스팔트가 녹아 도로 위로 솟아올랐어. 철도와 지하철이 제대로 다니지 못했지. 수천 명이 더위를 견디지 못해 숨졌어. 영국의 기온은 과학적으로 따지면 40도를 넘지 못한대. 하지만 지구 온난화 때문에 훌쩍 넘었어. 유엔은 온실가스 배출이 줄지 않으면, 이런 불볕더위가 40년 넘게 이어진다고 했어.

■ 지구 온난화 탓에 유럽 전체가 이글거리고 있다.

■ 폭염 때문에 아스팔트가 녹아 위로 솟는 바람에 차가 다니지 못하고 있다.

■ 석탄을 태워 전기를 생산하면 이산화 탄소가 많이 나온다.

■ 소나 양, 염소 등 되새김질을 하는 초식 동물은 메테인을 많이 배출한다.

온실가스는 지구 온난화를 일으키는 기체를 말해. 이산화탄소와 메테인이 대표적인 온실가스야. 지구에 온실가스가 전혀 없으면 모든 것이 얼어붙고, 너무 많으면 기온이 마구 올라가. 이산화탄소는 석유나 석탄, 천연가스 등 화석 연료를 태울 때 나오는 가스야. 화석 연료는 자동차를 움직이거나 발전소에서 전기를 만들 때, 공장에서 물건을 만들 때 연료로 많이 쓰이지. 메테인은 소나 양처럼 되새김질을 하는 초식 동물이 트림을 하거나 방귀를 뀔 때 많이 나와. 가축의 똥이나 음식물이 썩을 때도 생기지. 숲을 파괴해도 이산화탄소를 흡수하지 못해 온난화가 빨라져.

그래서 이산화탄소를 줄이려고 자동차도 화석 연료를 쓰지 않는 전기 자동차로 바꾸고 있지. 전기도 태양이나 바람을 이용해 생산하고 말이야. 메테인을 줄이기 위해 소고기를 적게 먹는 운동도 벌이고 있어. 문제는 최근에 새우를 많이 먹어 온실가스 배출이 늘어난다는 거야.

새우는 바다에서 잡기도 하지만, 어부들이 길러서 파는 것도 많대. 특히 흰다리새우가 인기가 높아 양식을 가장 많이 한대. 과거에는 새우가 비싸서 부자 나라들만 먹었어. 그런데 요즘에는 부자가 된 우리나라나 중국 등 여러 나라에서 즐겨 먹어 소비량이 부쩍 늘었어.

■ 뿌리를 물 위로 드러낸 맹그로브. 맹그로브는 바닷물에도 잘 견딘다.

■ 맹그로브 숲을 베어 내고 만든 양식장에서 키운 새우.

새우와 이산화탄소가 무슨 관계가 있냐고? 바다에 새우 양식장을 만들기 위해 맹그로브를 베어 내기 때문이야. 맹그로브는 더운 지방의 강과 바다가 만나는 곳에 많아. 이런 곳에는 새우에게 좋은 양분이 풍부하거든. 그런데 맹그로브

■ 필리핀의 맹그로브 숲이 파괴되고 그 자리에 새우 양식장이 들어섰다. (사진 : 이비에스)

숲은 같은 넓이의 육지 숲보다 탄소를 흡수하는 능력이 3~5배 더 높다는 거야.

세계 108개국에 있는 맹그로브 숲이 1년에 흡수하는 이산화탄소의 양은 승용차 950만 대가 내뿜는 양(2280만 톤)과 맞먹는대. 우리나라는 세계에서 여섯 번째로 새우를 많이 수입하고 있어. 벌써 전체 맹그로브 숲의 절반 가까이가 파괴되었대. 새우 요리 좀 덜 먹으면 어떨까.

기후를 살리는 식단 만들기

🍀 활동 목표

* 탄소 발자국과 식품 소비가 기후에 미치는 영향을 이해한다.
* 식습관을 분석하고, 식품별 탄소 배출량을 시각화한다.
* 기후 친화 식단이나 실천 아이디어를 창의적으로 설계한다.
* 환경을 위한 생활 실천 방안을 구성하고 발표한다.

🍀 수업 전 배경과 개념 설명

* **탄소 발자국** 인간 활동으로 발생하는 이산화탄소의 총량.
* **온실가스** 지구 온도를 높이는 기체. 대표적으로 이산화탄소와 메테인이 있다.
* **맹그로브 숲** 탄소 흡수 능력이 높은 해안가 숲. 파괴되면 온실가스가 증가한다.
* **새우 양식** 맹그로브를 파괴하며 진행되는 수산물 생산 방식.
* **식품별 탄소 배출량** 식품 생산과 운송 과정에서 나오는 이산화탄소의 양(소고기 〉 새우 〉 돼지고기 〉 채소).

🍀 수업 활동

1) 문제 인식과 분석

도입 발문	내가 먹는 새우가 지구 온난화와 어떤 관련이 있을까요? / 식탁이 지구를 더 덥게 만든다면, 어떻게 바꿔야 할까요? / 기후를 지키는 식단은 어떤 걸까요?
활동지 칸	음식 소비가 온실가스를 늘리지 않도록, 기후 친화적인 식단을 설계하는 활동입니다. 식단의 구조와 이유를 정리하고, 식재료별 탄소 배출량을 그래프로 표현해 보세요

2) 기능 구성하기+시나리오 쓰기

• 아래 기능 중 3~4개와 내가 만든 기능 1개를 골라, 각각 어떤 문제를 막는지 쓰고, 하루 식사가 어떻게 바뀌는지 짧은 시나리오로 연결해 보세요.

항목	설명
탄소 계산 스캐너	음식의 탄소 배출량을 수치로 보여 줘요.
저탄소 식재료 바구니	탄소 배출량이 적은 식재료만 담을 수 있어요.
기후 요리법 안내판	탄소를 줄이는 조리법을 알려 줘요.
식단 탄소 지수 표시기	메뉴별 탄소 지수를 색으로 보여 줘요.
내가 만든 기능	기후 종 → 탄소 배출량이 많은 재료를 고르면 경고음이 울려요.
시나리오 예시	음식을 고를 때, 탄소 계산 스캐너가 음식의 탄소 배출량을 보여 줘요. 수치가 높으면 기후 종이 "땡!" 하고 울려요. 저탄소 바구니에 담긴 식재료와 요리법 안내판을 참고해 두부 덮밥을 고르면, 마지막엔 탄소 지수 표시기가 초록색으로 반짝여요.

3) 설계도 그리기

• 선택한 기능을 기후 식단 시스템 안에 배치하고, 작동 흐름을 그림으로 표현해 보세요. 각 기능의 위치, 역할, 순서를 번호와 화살표, 말풍선 등으로 설명해 보세요.

표현 예시	① 스캐너가 탄소량 분석 ④ 안내판 보고 요리법 선택	② 기후 종이 울림 ⑤ 탄소 지수 표시기로 확인	③ 저탄소 바구니 선택

4) 발표와 친구 질문 응답

발표 항목	예시 문장
장치 이름	'지구 지킴이 한끼'예요.
내가 고른 기능	탄소 계산 스캐너, 저탄소 식재료 바구니, 기후 요리법 안내판, 식단 탄소 지수 표시기를 선택했어요.
내가 만든 기능	탄소 배출이 많으면 "땡!" 하고 울리는 '기후 종'을 만들었어요.
시나리오 요약	스캐너가 수치를 보여 주고, 종이 울리면 식재료·요리법을 바꿔요. 지수는 초록색으로 나와요.
친구 질문과 응답	기후 종이 너무 자주 울리면요? → 기준을 바꿔 덜 민감하게 만들 수 있어요.

🍀 교사용 지도 포인트

단계	유도 질문 예시
문제 인식	새우나 고기가 왜 기후에 영향을 줄까? / 먹는 음식이 기후에 어떤 영향을 줄까?
기능 구성	어떤 기능이 제일 중요할까? / 기능끼리는 어떻게 연결돼?
내가 만든 기능	너만의 기능은 뭐야? / 왜 그런 기능을 넣었니?
시나리오 구성	식사는 어떤 순서로 바뀌었니? / 경고는 언제 울렸니?
발표 유도	너의 장치는 뭐가 새로웠니? / 친구랑 어떤 점이 달랐니?

🍀 기후를 살리는 식단 만들기 STEAM 활동 평가 루브릭

평가 항목	평가 루브릭			
	5점(매우 우수)	4점(우수)	3점(보통)	2점 이하(미흡)
과학 개념 이해(탄소 발자국, 식품 배출량, 온실가스, 기후 식단)	식품 소비가 기후 변화에 미치는 영향을 명확하게 이해하고, 개념과 수치를 식단 설계에 구체적이고 자세하게 반영함	개념이 대체로 잘 드러나며, 식단 구성이나 시나리오에도 비교적 잘 녹아 있음	개념은 일부 표현되었으나 설명이 부족하고, 식단 구조와의 연결이 약함	개념 이해가 부족하고, 식단이나 설계와의 연결이 거의 드러나지 않음
기능 구성과 흐름 완성도(기능 구성+내가 만든 기능+기능 연결+창의적 설계)	기능이 문제 해결 목적에 맞게 잘 연결돼 있고, 내가 만든 기능과 창의 설계가 자연스럽게 표현됨. 기능 역할과 순서도 뚜렷함	기능 구성과 흐름이 적절하며, 내가 만든 기능과 창의 설계 일부가 자연스럽게 반영됨	기능은 있으나 연결이 약하고, 내가 만든 기능에 창의성이 다소 부족함	기능이 단순 나열되어 서로 연결성이 약하고 창의적 요소가 거의 없음
시각 표현과 설계도 완성도(기능 위치, 기능 설명, 작동 순서, 색깔 표시)	기능의 위치와 작동 방식이 말풍선, 번호, 화살표 등으로 명확히 표현돼 있고, 전체 흐름도 누구나 쉽게 이해됨	기능 구성과 설명이 명확하고, 읽는 사람이 전개 과정을 어렵지 않게 이해할 수 있음	기능은 있으나 기능의 위치와 전개 방식의 설명이 부족해 구조 파악이 다소 어려움	그림만 있고 기능에 대한 설명이 거의 없으며, 전체의 구조가 아주 모호함
설명력과 발표 참여(시나리오 설명+친구 질문 응답)	발표의 전개에 조리가 있고 자연스럽게 이어지며, 친구의 질문에도 논리적이며 과학적으로 자세하고 성실하게 응답함	설명과 내용 순서와의 연결이 대부분 자연스러우며, 친구 질문에도 비교적 잘 응답함	발표가 짧거나 설명이 부족하고, 친구 질문 응답도 전반적으로 단편적임	발표가 소극적이며, 설명이나 응답이 부족해 발표 흐름이 자주 끊김
참여 태도와 협력성(활동 집중도+친구와의 협력)	활동에 적극 참여하고 식단 설계와 기능 구성에 집중했으며, 친구와의 피드백과 협력도 활발함	성실히 참여하고 친구와의 협력도 비교적 잘 이뤄짐	활동은 했지만 집중도나 협력 태도가 전반적으로 부족함	활동에 소극적이고, 협력과 소통이 거의 이뤄지지 않음

※총점 기준 해석표(총 25점)
★23~25점 : 매우 우수 ★19~22점 : 우수 ★15~18점 : 보통 ★10~14점 : 미흡 ★1~9점 : 매우 미흡

09

시베리아에서 '좀비 바이러스'가 몰려온다

지구 온난화로 러시아 시베리아의 영구 동토가 흐물흐물 녹아내리고 있어. 시베리아 곳곳에 뻥뻥 뚫린 거대한 구덩이(크레이터)들을 보면 알 수 있지. 이 구덩이들은 땅이 녹으면서 무너져 내렸을 거래. 영구 동토란 땅속 온도가 1년 내내 섭씨 0도 이하로 유지되어 꽁꽁 언 땅이야. 가장 두꺼운 층의 두께는 80미터쯤 된대.

시베리아는 최근 몇 년 동안 불볕더위로 빠르게 녹고 있어. 2022년 여름엔 40도 가까이 올라가 펄펄 끓었지. 영구 동토는 대부분 북극이나 남극 등 극지방 주변에 있는 땅이야. 북극에 가까운 러시아는 3분의 2가 영구 동토야.

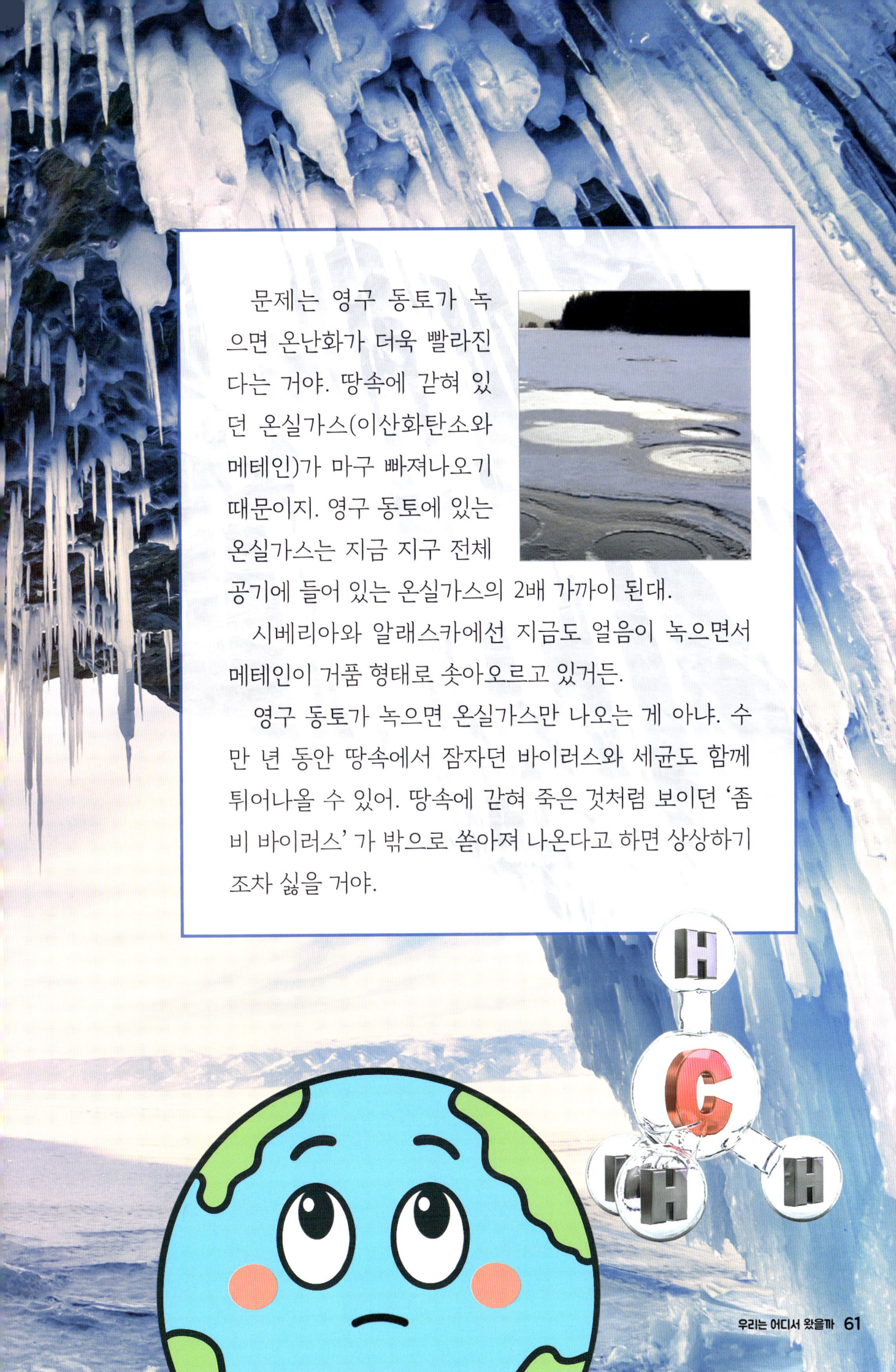

문제는 영구 동토가 녹으면 온난화가 더욱 빨라진다는 거야. 땅속에 갇혀 있던 온실가스(이산화탄소와 메테인)가 마구 빠져나오기 때문이지. 영구 동토에 있는 온실가스는 지금 지구 전체 공기에 들어 있는 온실가스의 2배 가까이 된대.

시베리아와 알래스카에선 지금도 얼음이 녹으면서 메테인이 거품 형태로 솟아오르고 있거든.

영구 동토가 녹으면 온실가스만 나오는 게 아냐. 수만 년 동안 땅속에서 잠자던 바이러스와 세균도 함께 튀어나올 수 있어. 땅속에 갇혀 죽은 것처럼 보이던 '좀비 바이러스'가 밖으로 쏟아져 나온다고 하면 상상하기조차 싫을 거야.

특히 시베리아의 얼어 붙은 땅속에는 4000년 전에 멸종한 매머드 사체가 우글거리거든. 사체 안에서 잠자던 바이러스가 튀어나오면 어떻게 될까. 면

역력이 없는 인류에겐 코로나19를 뛰어넘는 대재앙이 될 거야.

좀비 바이러스의 부활은 현실이야. 태양이 이글거리던 2016년 여름 북시베리아에서는 사슴의 사체가 땅속에서 튀어나와 공기 중에 탄저균이 퍼졌어. 주민 20여 명이 감염되었고, 어린이 1명이 숨졌어. 순록도 2000마리 넘게 죽었지. 이곳에서 탄저병에 걸린 사례는 1941년 이후 처음이었대.

이런 뜻이에요

탄저병 탄저균에 감염되어 일어나는 사람과 가축의 공통 감염병. 탄저균이 호흡기나 피부, 소화기를 통해 들어와 감염된다. 100명이 걸리면 24~60명이 죽는다.

2014년엔 프랑스와 러시아 연구팀이 3만 년 된 시베리아 영구 동토층에서 아주 옛날에 유행한 바이러스를 발견해 되살렸지. 2022년 12월에는 시베리아의 영구 동토에서 4만 8500년 전 호  수 밑에 묻힌 것으로 보이는 바이러스가 발견되었어. 여기서는 지금까지 발견된 적이 없는 바이러스도 13가지나 나왔어. 프랑스와 러시아, 독일 학자들로 구성된 연구팀이 밝혀낸 거야.

2만 7000년 전에 죽은 시베리아 늑대의 창자에서도 바이러스가 나왔대. 이들 바이러스는 시간이 무지 흘렀는데도 전염력이 충분했다는 거야. 죽어도 죽지 않는 좀비 바이러스의 공격이 시작되었어.

 **활동**

좀비 바이러스 차단 장치 만들기

🍀 활동 목표

* 영구 동토의 해빙과 그에 따른 온실가스와 고대 바이러스 문제를 이해한다.
* 실제 사례(탄저균 등)를 통해 바이러스 재확산의 위기를 분석한다.
* 좀비 바이러스 차단 장치를 설계하고, 기능 구성과 작동 순서·연결 방식을 시각화한다
* 장치의 작동 순서를 시나리오와 도식으로 표현하고 발표한다.

🍀 수업 전 배경과 개념 설명

* **영구 동토** 1년 내내 0도 이하로 유지되는 땅. 북극과 시베리아 등 극지방에 많다.
* **온실가스** 이산화탄소와 메테인 등. 얼음이 녹을 때 방출돼 온난화를 가속한다.
* **좀비 바이러스** 수만 년 전 얼음에 갇혔다가 녹으며 다시 살아난 고대 바이러스.
* **탄저균 감염** 시베리아의 해빙으로 사슴 사체에서 퍼진 감염 사례(2016년).
* **격리 장치** 공기 감지, 정화, 격리 기능이 결합된 바이러스 차단 시스템.

🍀 수업 활동

1) 문제 인식과 분석

도입 발문	영구 동토가 녹아 바이러스가 살아나면 어떻게 막을까요? / 지구를 지키려면 어떤 장치를 만들까요? / 차단 장치는 어떻게 작동해야 할까요?
활동지 칸	이 활동은 고대 바이러스가 퍼지지 않도록 막는 차단 장치를 만드는 것입니다. 바이러스를 어떻게 막을지, 장치는 어떤 순서로 작동해야 할지도 함께 생각해 보세요.

2) 기능 구성하기+시나리오 쓰기

• 아래 기능 중 3~4개와 내가 만든 기능 1개를 이용해서, 각 기능이 어떤 문제를 해결하는지 쓰고, 하루 동안 장치에서 이 기능들이 어떤 순서로 작동하는지 짧게 시나리오로 이어 보세요.

항목	설명
냉각 보호막	해빙 속도를 늦춰 바이러스가 퍼지는 것을 막아요.
바이러스 감지 센서	공기 중의 바이러스를 탐지하고 경고를 보내요.
공기 정화 필터	오염된 공기를 빨아들여 깨끗하게 정화해요.
자동 격리 문	위험 경보가 뜨면 자동으로 문이 닫혀 공간을 봉쇄해요.
내가 만든 기능	사체 탐색 드론 → 먼저 사체를 찾아 바이러스 확산을 막아요.
시나리오 예시	아침에 감지 센서가 바이러스를 알아차리면, 정화 필터가 작동해 오염된 공기를 깨끗하게 만들어요. 위험 수치가 높아지면 격리 문이 닫히고, 냉각 보호막이 해빙 속도를 늦춰 확산을 막아요. 드론은 사체를 빠르게 추적해서 바이러스가 퍼지기 전에 차단해요.

3) 설계도 그리기

• 선택한 기능을 차단 장치 위에 배치하고, 기능 간 작동 순서와 연결 관계를 그림으로 표현해 보세요. 말풍선, 번호, 화살표 등을 이용해 기능의 위치와 역할을 설명해 보세요.

표현 예시	① 센서가 바이러스를 감지해요. ② 정화 필터가 공기를 깨끗하게 해요. ③ 격리 문이 자동으로 닫혀요. ④ 냉각 보호막이 해빙을 늦춰요. ⑤ 드론이 사체를 발견해요.

4) 발표와 친구 질문 응답

발표 항목	예시 문장
장치 이름	'좀비 바이러스 차단기'예요.
내가 고른 기능	냉각 보호막, 바이러스 감지 센서, 공기 정화 필터, 자동 격리 문을 선택했어요.
내가 만든 기능	사체 냄새를 따라가는 '사체 추적 드론'을 만들어 바이러스 확산을 미리 차단했어요.
시나리오 요약	센서가 감지하면 필터가 작동하고, 격리 문이 닫혀요. 드론이 사체를 찾아 확산을 막아요.
친구 질문과 응답	정화 필터가 막히면 어떻게 돼요? → 자동 교체 장치가 새 필터로 바꿔요.

❀ 교사용 지도 포인트

단계	유도 질문 예시
문제 인식	왜 동토가 위험할까? / 좀비 바이러스는 왜 무서울까?
기능 구성	어떤 기능이 필요할까? / 기능끼리는 어떻게 연결될까?
내가 만든 기능	너만의 기능은 뭐야? / 그 기능은 왜 필요했니?
시나리오 구성	어떤 순서로 작동했니? / 하루 동안 어떻게 움직였니?
발표 유도	너의 장치는 뭐가 새로웠니? / 친구의 장치와 뭐가 달랐니?

❀ 좀비 바이러스 차단 장치 만들기 STEAM 활동 평가 루브릭

평가 항목	5점(매우 우수)	4점(우수)	3점(보통)	2점 이하(미흡)
과학 개념 이해(영구 동토, 온실가스, 좀비 바이러스, 감염 경로)	동토 해빙, 온실가스 방출, 바이러스가 되살아나는 과정을 잘 이해하고 이를 기능 설계에 구체적이고 논리적으로 반영함	주요 개념이 비교적 잘 드러나고, 기능 설명에도 자연스럽게 잘 녹아 있음	일부 개념만 표현되었거나, 설명이 부족해 기능과의 연결이 약함	과학 개념에 대한 이해가 부족하고, 기능 설계와의 연계성도 잘 드러나지 않음
기능 구성과 흐름 완성도(기능 구성+내가 만든 기능+기능 연결+창의적 설계)	기능이 감염 차단 목적에 맞게 논리적으로 잘 연결되어 있으며, 만든 기능도 자연스럽고 작동 순서가 명확하게 드러남	기능 구성과 작동 순서·연결 방식이 대부분 타당하며, 만든 기능도 포함됨	기능 연결은 있으나 작동 순서·연결 방식 설명이 단편적으로 나타남	기능이 단순 나열되었고, 작동 순서나 연계 설명이 거의 드러나지 않음
시각 표현과 설계도 완성도(기능 배치, 기능 설명, 흐름 화살표, 색상 구분)	기능 위치와 작동 순서·연결 방식이 말풍선, 번호, 화살표 등으로 명확히 표현되어 구조와 기능의 관계까지 이해됨	기능과 설명이 비교적 정돈되고, 작동 순서·연결 방식도 대부분 쉽게 이해됨	기능은 있으나 구조 설명이나 작동 순서·연결 방식 표현이 부족해 이해에 어려움	그림만 있고 설명이 거의 없거나, 기능의 작동 순서와 연결이 모호함
설명력과 발표 참여(시나리오 설명+친구 질문 응답)	기능 설명과 작동 순서·연결 방식이 조리 있게 이어지고, 친구의 질문에도 논리적이고 성실하게 응답했음	대부분 자연스럽게 설명하고, 질문에도 비교적 잘 응답하며 발표도 잘 이뤄짐	발표 내용이 짧거나 설명이 단편적이고, 질문 대응도 부족함	발표가 소극적이며, 설명과 응답이 단절되어 전반적으로 잘 이어지지 않음
참여 태도와 협력성(활동 집중도+친구와의 협력)	활동에 적극 참여하고 설계와 기능 구성에 집중했으며, 친구와의 협력과 소통도 매우 활발했음	활동에 성실히 참여하고, 협력도 전반적으로 잘 이루어짐	참여는 했으나, 집중도나 협력 태도는 다소 부족함	활동에 소극적이며 협력과 소통이 거의 이뤄지지 않음

※총점 기준 해석표(총 25점)
★23~25점 : 매우 우수 ★19~22점 : 우수 ★15~18점 : 보통 ★10~14점 : 미흡 ★1~9점 : 매우 미흡

10

똥 천지가 된 에베레스트

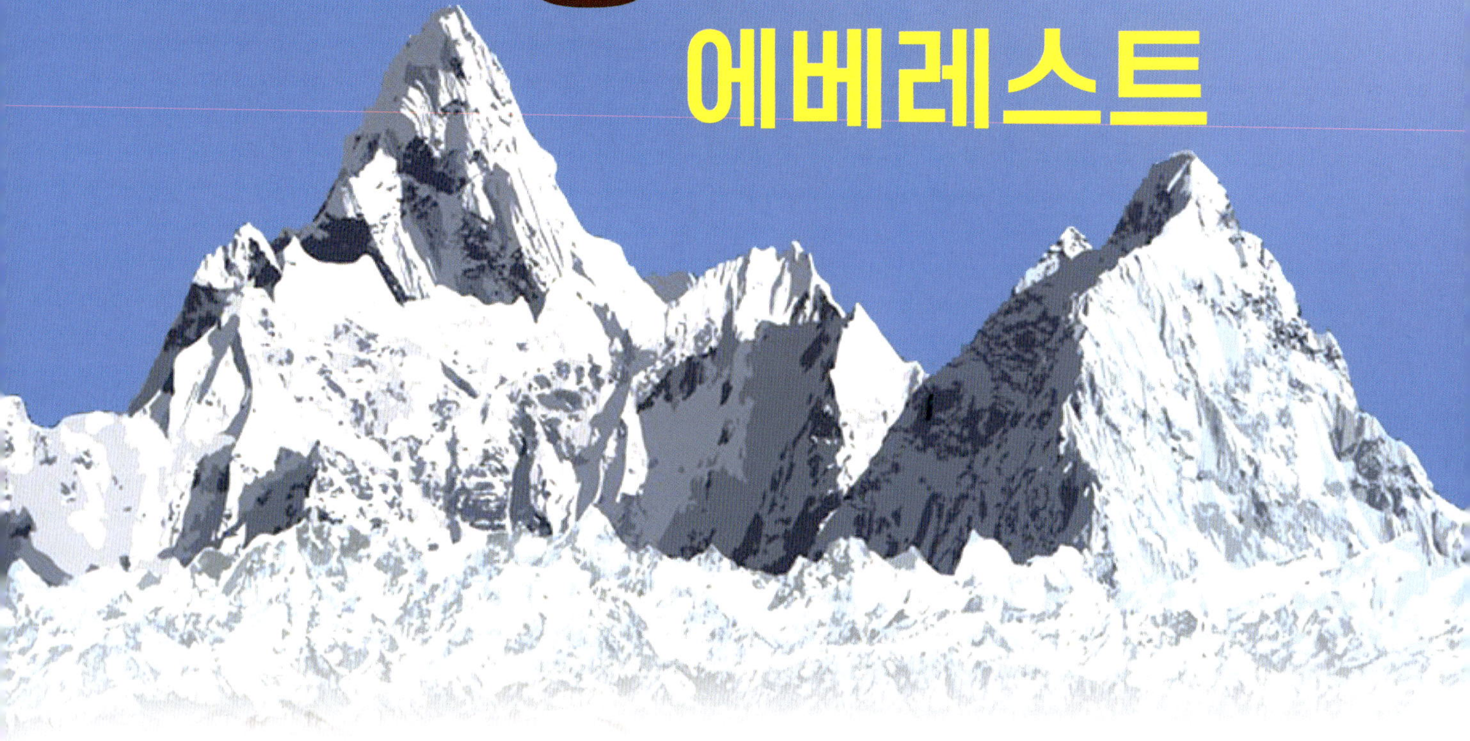

■ 에베레스트는 세계에서 가장 높은 산이다.

에베레스트 알지. 히말라야 산맥에 있는 세계에서 가장 높은 산이야. 높이는 8848미터지. 히말라야 산맥의 길이는 약 2500킬로미터야. 이 산맥과 이웃 산맥(카라코람)에는 에베레스트를 포함해 8000미터가 넘는 봉우리가 14개나 있대. 그래서 '세계의 지붕'으로 불리는 거야.

외국을 오가는 여객기는 에베레스트보다 높이 날도록 되어 있어. 국제선 여객기는 보통 9144미터부터 1만 2192미터 사이를 날아다녀. 과학자들은 높이가 1만 미터쯤 되면 산소 공급 없이 사람이 견디기 어렵다고 해. 높이가 높을수록 산소가 부족해져. 그럼 몸속을 흐르는 피의 흐름이 둔해지면서 여러 이상 증세가 나타나.

■ 한국인 최초이자 세계에서 58번째로 에베레스트에 오른 고상돈(왼쪽)과 세계 최초로 에베레스트에 오른 뉴질랜드의 에드먼드 힐러리.

세계 최초로 에베레스트에 오른 사람은 1953년 5월 29일 뉴질랜드의 산악인 에드먼드 힐러리(1919~2008)야. 그때 셰르파(길잡이) 1명과 함께 올랐지. 고상돈(1948~79)이 1977년에 한국인 최초로 정상(산꼭대기)에 오를 때까지만 해도 1년에 두세 명만 성공했어. 한여름에도 산꼭대기는 영하 20도나 되거든.

그런데 요즘에는 1년에 800명쯤이 정상을 밟는 거야. 에베레스트의 베이스캠프는 5364미터(산 위에서 볼 때 남쪽) 지점에 있는데, 과거보다 등산 장비가 발전했기 때문이지. 그래서 정상까지 남은 3000미터를 오르기가 더욱 쉬워진 거야.

■ 에베레스트 베이스캠프의 모습.

■ 에베레스트의 베이스캠프까지 짐을 실어 나르는 블랙 야크. 먹이는 조금 먹는데, 힘은 소보다 세다.

에베레스트에 오르려면 보통 6~9주가 걸린대. 먼저 등반에 필요한 장비와 음식 등 물품을 준비하는 단계를 거치지. 그다음 산기슭에 설치된 베이스캠프에서 물품을 보충하고 충분히 쉬어야 해. 베이스캠프부터 정상에 오르는 길에는 4곳의 캠프가 설치되어 있어(6000 → 6500 → 7200 → 8000미터). 어떤 길을 택하느냐에 따라 캠프의 수나 위치는 조금씩 다를 수 있대.

마지막 캠프에서 정상까지는 한 번에 공격해야 해. 높이가 8000미터를 넘으면 산소가 부족하니 산소통도 필요해. 요즘에는 산꼭대기까지 중계기가 있어서 와이파이도 쓸 수 있다고 해.

■ 사람들이 눈 똥이 녹으면서 에베레스트에 똥 냄새가 코를 찌른다고 한다.

■ 에베레스트를 오르는 줄이 끝없이 이어져 있다.

지금 에베레스트가 똥 냄새 때문에 골머리를 앓는대. 산을 오르는 사람들이 싼 똥 때문이야. 높이가 낮은 곳에서는 땅을 파고 임시 화장실을 만들 수 있지. 높은 곳에서는 땅이 얼거나 눈에 뒤덮여 그대로 싼다고 해. 그래서 1번 캠프와 산꼭대기 바로 앞 4번 캠프 사이에는 약 3톤(3000킬로그램)의 똥이 흩어져 있대.

과거에는 문제가 없었어. 온난화 때문에 기온이 오르면서 똥이 썩기 때문에 문제야. 네팔 정부는 2025년 3월부터 시작된 등반에 대비해 8000개의 똥 봉투를 준비했다고 해. 자기가 싼 똥은 꼭 봉투에 담아 내려오라는 거지. 산을 좀 더 존중할 필요가 있잖아.

고산 똥 압축기 만들기

활동

🍀 활동 목표

* 고산 지역에서 배설물이 썩지 않는 이유를 과학적으로 이해한다.
* 똥을 아무 데나 버릴 수 없는 고산의 환경 문제를 통해 생태 위기를 인식한다.
* 등산객이 똥을 압축하고 되가져갈 수 있도록 압축기를 설계한다.
* 기능의 작동 순서와 구조를 시각적으로 표현하고 설명할 수 있다.

🍀 수업 전 배경과 개념 설명

* **고산 환경** 기온이 낮고 공기가 부족해 세균이 거의 없어 똥이 썩지 않음.
* **인분 폐기물** 사람의 배설물로, 자연조건에 따라 오염을 일으킬 수 있음.
* **압축** 수분이나 공기를 빼서 부피를 작게 만드는 기술.
* **밀봉** 냄새와 오염 물질이 새지 않게 꽉 막는 기술.
* **친환경 처리** 똥을 되가져와 태양열 건조나 퇴비로 다시 쓸 수 있게 하는 방법.

🍀 수업 활동

1) 문제 인식과 분석

도입 발문	에베레스트엔 화장실이 없다는데, 똥은 어디로 갈까요? / 냄새 없이 처리하려면 어떤 장치가 필요할까요? / 똥의 부피를 줄이고 다시 쓰는 방법이 있을까요?
활동지 칸	고산에서 나온 똥을 눌러 부피를 줄이고, 밀봉해 재활용하는 '고산 똥 압축기'를 만들어 봅니다. 냄새가 안 나고 환경도 지키는 압축기를 구조, 기능, 작동 순서에 맞게 설계해 보세요.

2) 기능 구성하기+시나리오 쓰기

• 아래 기능 중 3~4개와 내가 만든 기능 1개를 이용해, 각각 어떤 문제를 해결하는지 쓰고, 하루 동안 기능들이 어떤 순서로 작동하는지 짧은 시나리오로 연결해 보세요.

항목	설명
수분 제거 압축판	똥에서 수분을 눌러 빼고 부피를 줄여요.
냄새 차단 필름	냄새가 퍼지지 않도록 덮는 특수 필름이에요.
가벼운 재질 통	들고 다니기 쉽게 가볍고 튼튼한 재질로 만들어요.
열 표시 센서	햇빛 때문에 내부가 뜨거워지면 색이 변해요.
내가 만든 기능	냄새 알림 버튼 → 냄새가 심해지면 "밀폐 시간이에요!"라고 알려 줘요.
시나리오 예시	등산 도중에 똥을 압축기에 넣고 눌렀더니 수분이 빠졌어요. 냄새 차단 필름이 자동으로 덮이고, 안에서 열이 올라가면 센서의 색이 빨간색으로 바뀌었어요. 냄새가 심해지면 알림 버튼이 울려서 똥을 안전하게 밀봉해 깨끗하게 가져올 수 있었어요.

3) 설계도 그리기

• 설계도를 그리고, 각 기능의 위치와 작동 순서를 그림으로 나타내세요. 말풍선, 번호, 화살표, 색 등으로 압축기 구조를 시각적으로 표현해 보세요.

표현 예시	① 똥을 통에 넣기	② 압축판으로 눌러 수분 제거하기	
	③ 필름으로 밀봉하기	④ 센서의 색이 변함	⑤ 알림 버튼이 울림

4) 발표와 친구 질문 응답

발표 항목	예시 문장
장치 이름	'지오몽 고산 똥 압축기'예요.
내가 고른 기능	수분 제거 압축판, 냄새 차단 필름, 가벼운 재질 통, 열 표시 센서를 선택했어요.
내가 만든 기능	냄새가 심해지면 "밀폐 시간이에요!"라고 알려 주는 냄새 알림 버튼을 추가했어요.
시나리오 요약	똥을 압축기에 넣자 수분이 빠지고 필름이 덮였어요. 냄새가 나면 알림이 울려 밀봉했어요.
친구 질문과 응답	똥이 새면 어떡해요? → 이중 지퍼와 방수 필름이라 절대 안 새요.

🍀 교사용 지도 포인트

단계	유도 질문 예시
문제 인식	왜 고산에선 똥이 쌓일까? / 그냥 두면 무슨 일이 생길까?
기능 구성	어떤 기능이 필요할까? / 기능은 어떻게 연결되어야 할까?
내가 만든 기능	네가 만든 기능은 뭐야? / 왜 그런 기능이 필요했니?
시나리오 구성	기능들은 어떤 순서로 작동했니? / 알림은 언제 울렸니?
발표 유도	너의 압축기는 뭐가 새로웠니? / 친구의 것과 어떤 점이 달랐니?

🍀 고산 똥 압축기 만들기 STEAM 활동 평가 루브릭

평가 항목	평가 루브릭			
	5점(매우 우수)	4점(우수)	3점(보통)	2점 이하(미흡)
과학 개념 이해(고산 환경, 압축 원리, 악취 차단, 부패 늦추기)	고산의 기후, 똥이 썩지 않는 이유, 압축과 밀봉 원리를 정확히 이해하고 설계에 구체적이고 창의적으로 반영함	개념이 대부분 드러나며, 기능과 설명에도 비교적 자연스럽게 잘 녹아 있어 이해하기에 쉬움	일부 개념은 표현되었지만 설명이 짧거나 기능과의 연결이 부족함	과학 개념 이해가 부족하거나, 기능 설명과 연결되지 않아 이해가 어려움
기능 구성과 흐름 완성도(기능 구성+내가 만든 기능+기능 연결+창의적 설계)	기능이 실제 문제 해결과 잘 연결되어 있으며, 내가 만든 기능과 창의적인 아이디어도 자연스럽고 구체적으로 잘 표현됨	기능의 위치와 설명이 핵심 내용까지 표현되어 있고, 기능의 작동 순서와 연결 방식도 대부분 쉽게 이해 가능함	기능은 있으나 구성 방식이 단순하거나 내가 만든 기능의 설명이 부족함	기능이 단순 나열만 되었고 구성 방식 설명이나 창의적인 요소가 거의 없음
시각 표현과 설계도 완성도(기능 위치, 기능 설명, 작동 순서, 밀봉 구조)	기능의 위치와 작동 순서·연결 방식이 그림과 말풍선으로 명확히 표현되고, 시각 요소도 다양하게 활용됨	대부분의 시각 자료가 적절히 구성되어 있고, 설명과 그림의 세부 내용 전개가 잘 연결됨	시각 자료는 있으나 내용의 전개나 연결 구조와 연결 방식의 표현이 불분명함	그림만 있고 기능 설명이 거의 없으며 구조나 흐름을 파악하기 어려움
설명력과 발표 참여(시나리오 설명+친구 질문 응답)	기능 작동 원리와 구조 설명이 조리 있고, 발표 흐름도 자연스럽게 이어지며 친구 질문에도 논리적으로 잘 응답함	설명의 전개가 비교적 자연스러우며, 친구의 질문에도 대부분 구체적이고 성실히 응답함	설명이 짧거나 기능과 구조 등의 연결이 단편적이고, 응답도 약함	발표가 소극적이며 설명이나 응답이 부족하고 흐름이 이어지지 않음
참여 태도와 협력성(활동 집중도+친구와의 협력)	활동에 적극 참여하고 설계에 집중했으며, 친구와 소통·협력도 활발해 성과가 잘 드러남	활동에 성실히 참여했고, 친구와의 협력과 피드백도 대체로 원활함	활동은 참여했으나, 집중도나 협력이 다소 부족함	활동이 소극적이고 친구와의 소통이나 협력도 거의 없음

※총점 기준 해석표(총 25점)
★23~25점 : 매우 우수 ★19~22점 : 우수 ★15~18점 : 보통 ★10~14점 : 미흡 ★1~9점 : 매우 미흡

11

무인도에서 플라스틱 화석이 발견된 까닭

땅을 파면 가장 윗부분은 두께가 몇 미터밖에 안 되는 흙으로 만들어진 층이야. 그 아래로는 수 킬로미터부터 수십 킬로미터 깊이까지 단단한 암석층으로 이어지지. 암석은 마그마가 식거나, 모래와 자갈이 오랜 세월 눌려 단단해진 거야(퇴적암). 암석이 만들어지려면 종류에 따라 수백만 년부터 수억 년이 걸려. 땅속 깊은 곳에서는 이러한 암석이 떠받치는 셈이지.

그런데 2019년에 브라질의 무인도인 트린다데섬 곳곳에서 청록색 돌이 발견되었어. 과학자들은 이들 돌이 자연물에 플라스틱이 들러붙어 만들어진 플라스틱 암석이라는 사실을 2023년에 발표했어. 무인도에서 플라스틱 암석이 확인된 건 처음이야.

퇴적암이 만들어지는 과정

퇴적물이 운반되어 쌓이기 시작

바다

퇴적물이 위쪽 무게에 눌려서 점점 다져짐

물 속 녹은 물질이 퇴적물을 굳게 함

 지오몽은 2018년 말에 부모님과 함께 브라질 이스피리투산투주 근처의 바닷가로 여행을 갔어. 바닷가에서 페트병에 든 콜라를 마시고 빈 콜라병을 모래사장에 둔 채 떠났지. 그날 밤 파도가 몰아치면서 콜라병을 바다로 쓸어 갔어. 콜라병은 바닷물에 휩쓸려 멀리 흘러갔지.

 몇 달 뒤 약 1140킬로미터 떨어진 트린다데섬의 바닷가에 도착했어. 그곳에서 플라스틱병은 강한 햇빛과 바닷바람을 맞았지. 햇빛을 쐬면서 약해진 콜라병은 흐물흐물 녹아내리며 주변의 돌과 모래를 감쌌어. 몇 달 만에 플라스틱 쓰레기가 자연 광물에 들러붙어 지구에 없던 플라스틱 암석으로 변한 거야.

과학자들은 트린다데섬 바닷가 곳곳에서 청록색 돌처럼 보이는 플라스틱 암석들을 찾아냈어. 이들 암석은 모래나 자갈과 섞여 바닷가 여러 곳에 굳어 있었지. 과학자들이 돌을 가져와 분석해 보니, 녹아든 플라스틱이 자연 광물과 뒤섞여 단단하게 굳은 거였어.

과학자들은 현미경과 특수 기기를 써서 암석 속의 플라스틱 조각이 어떻게 층을 이루며 섞여 있는지 살폈어. 마침내 페트병 쓰레기가 자연 광물 사이에 깊이 스며들어 완전히 새로운 암석을 만들었다는 사실을 알았지. 사람이 만든 물질이 지구 환경과 섞여 지층의 기록에까지 영향을 줄 수 있다는 점을 보여 준 사건이야.

■ 플라스틱이 바닷가에서 강한 햇빛을 받아 녹는 모습(위 사진)과 녹아서 플라스틱 암석이 만들어진 모습.

플라스틱 암석은 한곳에 오래 남아서 잘게 부서진 미세 플라스틱을 바다로 계속 흘려보내. 바다 생물이 음식으로 잘못 알고 삼키면 몸속에 들어가 해를 끼칠 수 있어. 사람이 그런 물고기를 먹으면 몸속에서 건강을 위협하지. 미세 플라스틱은 지하수나 비에 섞여 토양과 주변 식물을 오염시킬 수도 있어.

바다에 떠도는 미세 플라스틱도 문제이지만, 플라스틱 암석이 바위처럼 한자리에 오래 남아서 끊임없이 미세 플라스틱을 내놓는 것도 문제야. 멸종 위기의 바다거북이 알을 낳는 섬에서, 이런 암석이 퍼지면 생태계에 더 큰 부담을 주게 되지. 플라스틱 암석은 바다를 더 오래, 더 깊게 오염시키면서 먹이 사슬을 어지럽히는 새로운 문제를 일으키는 거야.

■ 트린다데섬에서 실제로 발견된 플라스틱 암석.

플라스틱 추적·수거 장치 만들기

🍀 활동 목표

* 바다에서 플라스틱이 이동하고 암석화되는 과정을 과학적으로 이해한다.
* 해양 생태계의 오염을 일으키는 플라스틱 문제를 발견하고 해결 방안을 구상한다.
* 감지-반응-수거-차단 기능을 중심으로 수거 장치를 설계한다.
* 과학 원리와 창의적 아이디어로 바다 오염을 막는 장치를 설계한다.

🍀 수업 전 배경과 개념 설명

* **해류 이동** 플라스틱 쓰레기가 바다를 따라 수천 킬로미터를 이동함.
* **플라스틱 암석** 녹은 플라스틱이 모래나 자갈과 섞여 굳어진 인공 암석.
* **미세 플라스틱** 잘게 부서져 바닷물과 먹이 사슬 속으로 침투하는 플라스틱 조각.
* **생태계 오염** 바닷속 플라스틱이 거북·물고기·인간까지 영향을 줌.
* **트린다데 사례** 브라질의 무인도에서 플라스틱 암석이 처음 확인된 사건.

🍀 수업 활동

1) 문제 인식과 분석

도입 발문	플라스틱이 왜 돌처럼 굳었을까요? / 그 전에 막을 수 있는 방법은 없을까요? / 이 플라스틱이 암석이 되면 어떤 문제가 생길까요?
활동지 칸	바다의 플라스틱이 굳기 전에 수거하는 장치를 설계해 보세요. 기능을 정하고, 감지-반응-수거-차단 흐름을 그림과 이야기로 간단히 표현해 보세요.

2) 기능 구성하기+시나리오 쓰기

• 아래 기능 중 3~4개와 내가 만든 기능 1개를 이용해, 어떤 문제를 해결하는지 밝히고, 기능들이 어떤 순서로 작동하는지 짧게 이야기로 써 보세요.

항목	설명
센서 부표	바다에 뜬 플라스틱을 감지해요.
물고기 드론	쓰레기를 따라가 자동으로 수거해요.
고정망	쓰레기가 해류를 따라 퍼지지 않게 막아요.
열 감지기	플라스틱이 녹기 전에 경고를 보내 줘요.
내가 만든 기능	플라 경보기 → 플라스틱이 뭉쳐서 위험해지기 전에 소리로 알려 줘요.
시나리오 예시	센서 부표가 바다에서 플라스틱을 감지하면 신호 불빛이 깜빡이고, 드론이 날아가 수거해요. 고정망은 쓰레기가 퍼지는 걸 막고, 열 감지기는 플라스틱이 녹기 전에 경고해 줘요. 내가 만든 플라 경보기도 함께 울려 오염을 막을 수 있었고, 바다는 한결 깨끗해졌어요.

3) 설계도 그리기

• 플라스틱을 감지하고 수거하는 과정을 순서대로 그림으로 나타내세요. 기능의 위치를 장치에 표시하고, 말풍선으로 역할과 이유를 간단히 적어 보세요.

표현 예시	① 센서 부표 : 플라스틱 감지 ② 신호 불빛 : 경고등 켜짐
	③ 드론 : 쓰레기 수거 ④ 고정망 : 확산 차단 ⑤ 열 감지기 : 녹기 전 경고

4) 발표와 친구 질문 응답

발표 항목	예시 문장
장치 이름	'플라감지-X'예요.
내가 고른 기능	센서 부표, 물고기 드론, 고정망, 열 감지기를 선택했어요.
내가 만든 기능	플라스틱이 근처에 오면 미리 알림이 울리도록 플라 경보기를 만들었어요.
시나리오 요약	센서가 플라스틱을 감지하면 드론이 수거해요. 고정망이 막고, 열 감지기가 미리 경고해요.
친구 질문과 응답	센서가 물고기랑 헷갈리지 않을까요? → 재질을 구분하는 기능이 있어요.

🍀 교사용 지도 포인트

단계	유도 질문 예시
문제 인식	왜 플라스틱이 둥둥 떠다닐까? / 미리 막을 수는 없었을까?
기능 구성	어떤 기능이 필요할까? / 기능은 어떤 순서로 작동할까?
내가 만든 기능	너만의 기능은 뭐야? / 왜 그런 기능이 필요했니?
시나리오 구성	이 장치는 언제 작동했니? / 어떤 기능부터 움직였니?
발표 유도	너의 장치는 뭐가 새로웠니? / 친구 장치와 어떤 점이 달랐니?

🍀 플라스틱 추적·수거 장치 만들기 STEAM 활동 평가 루브릭

평가 항목	평가 루브릭			
	5점(매우 우수)	4점(우수)	3점(보통)	2점 이하(미흡)
과학 개념 이해(해류, 감지 센서, 플라스틱 성질, 열 반응)	플라스틱 이동, 오염, 암석화 과정 등 4개 이상의 개념이 정확하게 반영되고, 기능 설계와 구조 전반에 잘 드러남	주요 개념이 기능 설계나 각 기능 설명에 비교적 자연스럽게 포함되어 있음	일부 개념은 표현되었지만 설명이 짧고, 기능 작동 순서나 설계와 연결이 다소 약함	개념 이해가 부족하거나 개념이 장치와 연결되지 않아 설계에 반영되지 않음
기능 구성과 흐름 완성도(기능 구성+내가 만든 기능+기능 연결+창의적 설계)	기능이 실제 바다 문제 해결과 논리적으로 연결되어 있고, 내가 만든 기능과 창의적 설계가 자연스럽게 통합됨	기능 작동 순서가 대체로 타당하며, 내가 만든 기능도 자연스럽게 포함되어 있음	기능이 있기는 하지만 연결이 단순하고, 내가 만든 기능 설명도 부족함	기능이 나열만 되고, 작동 흐름에 대한 설명이나 창의적인 요소가 거의 없음
시각 표현과 설계도 완성도(기능 위치, 기능 설명, 구조 표현, 작동 흐름)	기능 위치와 작동 순서·연결 방식이 그림·말풍선 등으로 명확히 표현되고, 시각 자료 구성도 전체적으로 완성도 높음	대부분의 시각 요소가 적절하게 표현되어 있으며, 설명과 구조도 잘 연결되어 있음	시각 자료는 있지만 작동 순서·연결 방식 설명이 부족하거나 부품 연결이 모호함	그림만 있고 기능 설명이 거의 없으며, 구조와 작동 순서·연결 방식이 불분명함
설명력과 발표 참여(시나리오 설명+친구 질문 응답)	기능의 작동 원리와 구조 설명이 조리 있고 자연스럽게 이어지며, 친구의 질문에도 논리적으로 잘 응답함	설명 흐름이 비교적 자연스럽고, 친구의 질문에도 대부분 잘 응답했음	설명이 짧거나 단편적이며, 질문 응답도 제한적이고 이해가 상당히 어려움	발표가 소극적이며 설명이나 응답이 부족해서 내용 전개가 잘 이어지지 않음
참여 태도와 협력성(활동 집중도+친구와의 협력)	활동에 적극 참여하고 장치 설계에 집중했으며, 친구와의 소통과 협력도 활발히 이루어짐	활동에 성실히 참여했고, 협력·피드백도 대체로 잘 이루어짐	활동에는 참여했지만 집중도나 협력 태도가 다소 부족함	활동이 소극적이고, 친구와 소통이나 협력이 거의 없음

※총점 기준 해석표(총 25점)
★23~25점 : 매우 우수 ★19~22점 : 우수 ★15~18점 : 보통 ★10~14점 : 미흡 ★1~9점 : 매우 미흡

지오몽의 지구 이야기
주인공 **지오몽**은
'지구(Geo)의 꿈'이란 뜻입니다.

미국 최대 동굴을 위험에 빠뜨린 '치토스'

미국 뉴멕시코주에는 칼즈배드 동굴 국립 공원이 있어. 이곳 동굴들은 약 2억 5000만 년 전에 만들어진 석회암 동굴이야. 1995년에 유네스코에서 세계유산에 올릴 만큼 가치가 크지. 공원 안에서는 지금까지 크고 작은 119개의 동굴이 발견되었어. 동굴 가운데 일부는 관광이나 교육을 위해 사람들에게 개방했어.

공개된 동굴 가운데는 '빅룸'이라는 북미 최대 규모의 지하 동굴도 있어. 길이는 약 1220미터에 폭 190미터, 높이는 107미터에 이르는 거대 공간(축구장 14개 넓이)이지. 동굴 안은 빛이 거의 없어 어두컴컴한데, 이러한 환경에 맞춰 다양한 생물이 살고 있어.

■ 빅룸의 '초록색 호수의 방' 모습

동굴 안은 1년 내내 온도와 습도가 거의 변하지 않고 그대로야. 그래서 밖에서 주어지는 작은 변화도 동굴 환경에 나쁜 영향을 미치게 돼. 방문객들에게 음식물을 가지고 동굴에 들어가거나 동굴 안에서 쓰레기를 버리지 못하게 하는 이유가 여기에 있어.

■ 동굴 바닥에 버려진 치토스 과자 봉지와 내용물.

그런데 2024년 9월 9일 (현지 시각) 이 동굴에서 먹다 남은 치토스 한 봉지가 발견되어 난리가 났어. 공원의 관리원들은 치토스 때문에 생긴 미생물과 곰팡이를 없애느라 20분이 걸렸다고 해. 치토스가 동굴 전체 생태계를 망가뜨릴 수도 있었기 때문이야. 옥수수 과자인 치토스는 동굴의 습기를 머금어 부드러워지게 돼.

■ 동굴 내부의 석주(돌기둥). 석순과 종유석이 만나 기둥을 이뤘다.

　이때 치토스에 묻어 들어온 미생물과 곰팡이뿐 아니라, 동굴 안의 미생물과 곰팡이도 치토스를 먹이로 삼아 아주 빨리 늘어나게 되지. 그럼 동굴에서 사는 귀뚜라미나 진드기, 거미, 파리 등 생물의 먹이 환경이 바뀌게 되는 거야. 이들 생물은 치토스 때문에 생긴 미생물과 곰팡이를 먹게 되는데, 그럼 먹이 사슬에 혼란이 생겨 동굴 생태계의 균형이 무너지게 된대.

　곰팡이가 늘어나면 석순이나 종유석 같은 동굴의 돌에 붙어 표면을 해치거나, 돌이 자라나는 데 필요한 광물질(미네랄)이 쌓이지 못하게 막기도 해. 또 새로 생긴 미생물과 곰팡이는 동굴의 생물에게 질병을 퍼뜨려 일부 생물이 멸종할 수도 있대.

> **이런 뜻이에요**
> 먹이 사슬 생물이 서로 먹고 먹히는 관계. 빅룸의 먹이 사슬은 미생물과 곰팡이 → 파리 → 거미·귀뚜라미 → 박쥐 순이다.
> 석순 바닥에서 위로 죽순처럼 자라는 돌.
> 종유석 천장에서 아래로 고드름처럼 자라는 돌.

미생물과 곰팡이가 폭발적으로 늘어나면 이들이 내놓는 물질 때문에 동굴의 환경이 오염되고, 동굴에서 사는 생물에게도 나쁜 영향을 줄 수 있어. 곰팡이가 널리 퍼지면 악취도 발생하게 돼. 이렇게 되면 동굴의 과학적 연구 가치가 떨어지고, 관광객 수도 줄어서 지역 경제에도 좋지 않은 영향을 미치게 되지.

이미 파괴된 동굴의 생태계를 원래대로 되돌리려면 수십 년이 걸린대. 또 새로 생긴 미생물과 곰팡이를 완전히 없애는 일도 어렵다는 거야. 치토스 쓰레기처럼 사람들의 작은 부주의 때문에 동굴 생태계가 완전히 망가질 수도 있는 거야.

동굴 생태계 지킴이 만들기

🍀 활동 목표

* 햇빛이 없이 유지되는 동굴 생태계의 특성과 먹이 사슬 구조를 이해한다.
* 음식물과 쓰레기 등 유기물이 들어와 미치는 영향을 과학적으로 분석한다.
* 감지–차단–정화 기능을 중심으로 동굴 생태계 보호 시스템을 설계한다.
* 기능 배치와 작동 순서를 시각화하고 명확하게 시나리오와 발표로 설명한다.

🍀 수업 전 배경과 개념 설명

* **동굴 생태계** 햇빛이 없이 유지되는 폐쇄형 생태계로, 온도·습도가 일정하고 외부 변화에 민감함.
* **먹이 사슬** 미생물·곰팡이 → 곤충류 → 박쥐로 이어지는 생물 간 먹이 흐름.
* **곰팡이 증식** 음식물이 유입되면 곰팡이·미생물이 급증해 생태계가 쉽게 교란됨.
* **석순·종유석** 광물질이 천천히 쌓여 생기는데, 곰팡이 때문에 성장이 방해됨.
* **쓰레기 유입** 작은 음식물도 생태계와 지질, 관광에 심각한 피해를 줄 수 있음.

🍀 수업 활동

1) 문제 인식과 분석

도입 발문	치토스 한 봉지가 동굴 생태계를 무너뜨릴 수 있다면 왜일까요? / 음식물 쓰레기는 왜 동굴에서 더 위험할까요? / 동굴 속 생물을 지키려면 어떤 장치가 필요할까요?
활동지 칸	유기물이 들어왔을 때 동굴 생물을 보호하는 장치를 직접 설계해 보세요. 장치 이름과 기능, 작동 순서도 구체적으로 생각해 보세요.

2) 기능 구성하기+시나리오 쓰기

• 아래 기능 중 3~4개와 내가 만든 기능 1개를 이용해, 각각 어떤 문제를 해결하는지 쓰고, 하루 동안 어떤 순서로 작동하는지 시나리오로 연결해 보세요.

항목	설명
감지 센서	음식물이나 쓰레기를 감지하면 경고음을 내요.
진입 차단기	음식물이 감지되면 입구가 자동으로 닫혀요.
정화기	오염된 공간을 정화해요.
알림 방송기	센서 신호를 받아 자동 방송을 작동해요.
내가 만든 기능	열 감응 안내등 → 사람을 감지하면 약한 빛을 내서 조용히 이동하도록 안내해요.
시나리오 예시	센서가 쓰레기를 감지하면 경고음과 방송이 울려 탐방객에게 알려요. 입구는 자동으로 닫히고, 정화기와 청소기가 오염을 막고 주변을 깨끗하게 해요. 내가 만든 안내등은 약한 빛을 내서 사람을 안내하므로, 박쥐가 놀라지 않고 동굴 생물도 안전하게 지낼 수 있도록 해 줘요.

3) 설계도 그리기

• 음식물 쓰레기나 유기물이 들어올 때 작동 기능을 순서대로 그림으로 나타내세요. 기능 위치를 동굴 구조에 표시하고, 주요 지점엔 말풍선으로 역할과 이유를 간단히 써 보세요.

표현 예시	① 센서 : 쓰레기를 감지해요.　　② 경고등 : 불빛과 방송으로 알림을 줘요. ③ 차단기 : 입구 문이 자동으로 닫혀요.　　④ 정화기 : 오염을 제거해요. ⑤ 안내등 : 박쥐가 놀라지 않게 사람을 안내해요.

4) 발표와 친구 질문 응답

발표 항목	예시 문장
시스템 이름	'클린케이브봇-01'이에요.
내가 고른 기능	감지 센서, 진입 차단기, 정화기, 알림 방송기를 선택했어요.
내가 만든 기능	열 감응 안내등은 박쥐가 놀라지 않도록 사람을 다른 쪽으로 안내해요.
시나리오 요약	센서가 치토스를 감지하자 문이 닫히고, 정화기가 작동했어요. 안내등이 켜져 박쥐가 안전해졌어요.
친구 질문과 응답	정화기는 어떻게 작동하나요? → 네, 센서가 감지하면 바로 작동해요.

🍀 교사용 지도 포인트

단계	유도 질문 예시
문제 인식	치토스 한 봉지가 왜 위험할까? / 동굴 생태계는 왜 민감할까?
기능 구성	어떤 기능이 필요할까? / 기능은 어떤 순서로 작동할까?
내가 만든 기능	너만의 기능은 뭐야? / 왜 그런 기능이 필요했니?
시나리오 구성	하루 동안 어떤 순서로 작동했니? / 센서가 언제 반응했니?
발표 유도	너의 시스템은 뭐가 특별했니? / 친구의 것과 뭐가 달랐니?

🍀 동굴 생태계 지킴이 만들기 STEAM 활동 평가 루브릭

평가 항목	평가 루브릭			
	5점(매우 우수)	4점(우수)	3점(보통)	2점 이하(미흡)
과학 개념 이해(동굴 환경, 곰팡이 번식, 생태계 교란, 야생 생물 반응)	동굴 생태계, 먹이 사슬, 유기물 오염 등 4개 이상의 개념을 정확히 이해하고 기능 설계에 구체적으로 반영함	주요 개념이 기능 설계나 설명에 비교적 자연스럽게 잘 포함되어 있음	일부 개념은 표현되었으나 설명이 부족하거나 기능과 연결이 약함	과학 개념의 이해가 부족하거나, 지킴이 설계와 제대로 연결되지 않음
기능 구성과 흐름 완성도 (시스템 구성+내가 만든 기능+기능 연결+창의적 설계)	기능들이 동굴 보호 목적과 논리적으로 연결되어 있고, 내가 만든 기능과 창의적 아이디어도 자연스럽게 통합됨	기능 작동 순서가 대체로 타당하며, 내가 만든 기능도 자연스럽게 포함됨	기능은 있으나 연결이 다소 단순하고, 만든 기능 설명이 부족함	기능이 단순히 나열되었고, 작동 흐름이나 창의성 요소가 거의 없음
시각 표현과 설계도 완성도 (기능 위치, 기능 설명, 구조 표현, 작동 흐름)	기능 위치와 작동 순서·연결 방식이 그림과 말풍선 등으로 명확히 표현되고, 전체 구조도 시각적으로 잘 구성됨	대부분의 시각적인 요소가 적절하게 표현되어 있고, 구조와 설명도 잘 연결됨	시각 자료는 있으나 기능 작동 순서·연결 설명이 부족하고 구조 표현이 모호	그림만 있고 기능 설명이 거의 없으며 구조와 기능 연결 방식도 불분명함
설명력과 발표 참여(시나리오 설명+친구 질문 응답)	기능의 작동 원리와 구조 설명이 조리 있고 자연스럽게 이어지며, 친구 질문에도 논리적이고 성실하게 응답함	설명의 전개가 비교적 자연스러우며, 친구 질문에도 대부분 잘 응답함	설명이 단편적이고, 친구 질문 응답도 제한적이어서 이해가 어려움	발표가 소극적이며, 설명과 질문 응답이 부족해 전달이 매끄럽지 않음
참여 태도와 협력성(활동 집중도+친구와의 협력)	활동에 적극 참여하고, 지킴이 설계에 집중했으며 친구와의 소통과 협력도 활발했음	성실히 참여하고 협력·피드백도 비교적 잘 이뤄짐	활동에는 참여했지만 집중도나 협력이 조금 부족함	활동이 소극적이고, 소통·협력이 거의 이뤄지지 않음

※총점 기준 해석표(총 25점)
★23~25점 : 매우 우수 ★19~22점 : 우수 ★15~18점 : 보통 ★10~14점 : 미흡 ★1~9점 : 매우 미흡

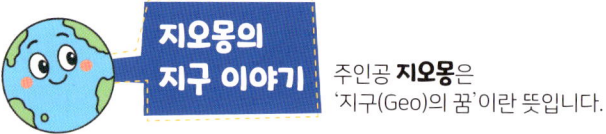

지오몽의 지구 이야기

주인공 **지오몽**은
'지구(Geo)의 꿈'이란 뜻입니다.

이산화탄소 잡아먹는

슈퍼 나무

나무 등 식물은 빛을 이용해 양분을 스스로 만들어 살지. 이때 산소도 함께 만들어지는데, 숨구멍을 통해 공기 중에서 빨아들인 이산화탄소와 뿌리로 끌어올린 물을 재료로 삼아. 그러니 숲이 많을수록 지구 온난화를 일으키는 이산화탄소를 더 많이 흡수하고, 산소는 더 많이 만들어지지.

그런데 아마존이 심하게 망가져 지구 온난화에 대한 걱정이 커지고 있어. 아마존은 브라질 등 9개국에 걸쳐 있는 세계에서 가장 넓은 숲이야. 우리나라 넓이의 약 70배에 이르지. 과거에는 지구에서 만들어지는 산소의 약 3분의 1이 이곳에서 나온다고 할 만큼 중요했어.

■ 남한의 70배가 넘는 아마존의 숲. '지구의 허파'로 불린다.

■ 개발로 파괴되는 아마존.

아마존이 망가지면 이산화탄소를 빨아들이는 양이 줄어서 지구의 기온이 더 빨리 오르게 돼. 아마존은 30~40년 전만 해도 1년에 20억 톤(1톤은 1000킬로그램)의 이산화탄소를 흡수했어. 2022년 기준 세계 전체의 이산화탄소 배출량은 1년에 406억 톤이야.

아마존 전체 숲 가운데 5분의 1이 실제로 이산화탄소를 잡는 대신 거꾸로 내뿜고 있대. 전문가들은 현재 이산화탄소 흡수 능력이 1년에 10~12억 톤으로 줄었을 것으로 보고 있어. 그래서 이제는 지구에 산소를 공급하는 허파의 기능이 거의 없다고 해. 어린 나무일수록 이산화탄소를 흡수하는 능력이 크지만 죽은 나무는 오히려 이산화탄소를 내놓기 때문이야.

■ 불타는 아마존.

전문가들은 아마존의 파괴 속도가 빨라져 상황이 더욱 더 나빠질 것으로 보고 있어. 그래서 아마존 열대 우림의 절반 가까이가 앞으로 30년 안에 파괴될 수 있다고 해. 원주민들이 일부러 불을 질러 농사를 짓는 땅으로 만들기도 하지.

아마존뿐만 아니라 세계의 숲은 개발과 산불로 해마다 줄어드는 상황이야. 현재 육지의 약 3분의 1이 사람이 살기에 어려운 사막 등 건조 지역이야. 그런데 숲이 사라지는 사막화 지역이 1년에 남한 넓이의 절반이 넘지. 중국과 몽골이 심해. 몽골은 약 10분의 8 가까이가 사막이거나 사막화 위험 지역이야.

■ 사막으로 변하는 몽골의 땅.

그래도 희망은 있어. 미국의 한 기업에서 이산화탄소를 폭풍 흡입하는 슈퍼 나무를 개발했어. 지금은 포플러와 테다소나무 두 가지야. 슈퍼 나무는 이산화탄소를 흡수해서 저장하는 능력이 보통의 나무보다 최대 53퍼센트(100 가운데 53)나 크다고 해.

슈퍼 나무는 이산화탄소 흡수 능력이 뛰어난 다른 식물의 유전자를 집어넣어 짜깁기를 했다고 해. 이들 슈퍼 나무는 보통 나무보다 더 빨리 자라며 병이나 벌레에도 강하대. 우리나라도 나무 자체의 유전자를 고쳐 이산화탄소를 최대한 많이 흡수할 수 있는 기술을 개발 중이래.

■ 보통 테다소나무.

■ 미국의 기업이 더 많은 이산화탄소를 빨아들여 저장할 수 있도록 만든 포플러 나무(왼쪽 나무 두 개). (사진 : 리빙 카본)

이런 뜻이에요
유전자 부모가 자식에게 물려주는 특성이 담긴 물질. 건물을 짓는 데 필요한 설계도와 같은 것이다.

탄소 잡아먹는 슈퍼 나무 만들기

🍀 활동 목표

* 광합성의 원리와 이산화탄소의 흡수 과정을 이해한다.
* 산불과 개발 등에 의해 파괴되는 숲과 환경에 미치는 영향을 파악한다.
* 탄소를 더 많이 흡수하는 나무(식물)의 기능을 설계한다.
* 설계한 나무의 모습과 기능을 그림과 말로 설명한다.

🍀 수업 전 배경과 개념 설명

* **광합성** 식물이 이산화탄소와 물을 이용해 양분을 만들고, 산소를 내보내는 작용.
* **이산화탄소** 온난화를 일으키는 주요 온실가스. 식물이 흡수할 수 있다.
* **아마존 파괴** 불법 벌목, 산불, 농업 용지 개발로 숲이 줄고 탄소 흡수량이 감소함.
* **슈퍼 나무** 유전자를 조절해 탄소를 더 많이 흡수하고, 병에도 강한 나무.
* **유전자 조작** 식물의 기능을 강화하거나 새 특징을 넣기 위해 디엔에이(DNA)를 바꾸는 기술.

🍀 수업 활동

1) 문제 인식과 분석

도입 발문	숲이 줄면 어떤 문제가 생길까? /이산화탄소가 많아지면 지구에는 어떤 변화가 생길까? / 지구의 공기를 깨끗하게 지키려면 어떤 기능이 필요할까?
활동지 칸	공기 중의 이산화탄소를 많이 흡수하고 병에도 강한 '슈퍼 나무'를 설계해 보세요. 광합성을 더 잘하려면 어떤 기능이 필요한지 생각해 보고, 나무의 이름도 지어 보세요.

2) 기능 구성하기+시나리오 쓰기

• 아래 기능 중 3~4개를 고르고, 내가 만든 기능 1개도 추가해서 그 기능이 왜 필요한지 적어 보세요. 또 나무가 하루 동안 어떤 과정을 거쳐 이산화탄소를 줄이는지 써 보세요.

항목	설명
잎 표면 넓히기	이산화탄소를 더 많이 흡수할 수 있어요.
뿌리 길이 늘리기	땅속 수분과 영양분을 더 많이 흡수할 수 있어요.
해충 방어 껍질	병과 벌레에도 강하게 만들어 줘요.
저장 잎	흡수한 이산화탄소를 당분으로 바꿔 더 오래 저장해요.
내가 만든 기능	슈퍼 숨구멍 → 공기 중의 탄소를 빠르게 모아 줘요.
시나리오 예시	아침 햇빛을 받은 잎이 넓은 표면으로 광합성을 활발히 시작했어요. 슈퍼 숨구멍은 공기 중의 이산화탄소를 빠르게 모아 주며, 깊고 튼튼한 뿌리는 땅속의 물과 양분을 힘차게 끌어올렸어요. 저장 잎은 흡수한 이산화탄소를 당분으로 바꿔 오랫동안 저장했어요.

3) 설계도 그리기

• 내가 만든 '슈퍼 나무'의 각 부위에 어떤 기능이 들어가는지 자세히 나타내 보세요. 주요 기능에는 번호를 붙이고, 말풍선으로 역할과 이유를 간단히 적어 보세요.

표현 예시	① 나무 이름 : 지구숲나무-01(탄소 흡수와 저장을 잘하는 나무) ② 잎 : 넓어서 햇빛과 이산화탄소를 많이 받음 ③ 뿌리 : 깊이 뻗어 물과 양분을 잘 흡수 ④ 껍질 : 단단해 해충과 병에 강함 ⑤ 저장 잎 : 탄소를 당분으로 바꿔 오래 저장

4) 발표와 친구 질문 응답

발표 항목	예시 문장
나무 이름	'지구숲나무-01'이에요.
내가 고른 기능	잎 표면 넓히기, 뿌리 길이 늘리기, 해충 방어 껍질, 저장 잎을 선택했어요.
내가 만든 기능	이산화탄소를 빠르게 모으는 '슈퍼 숨구멍'을 만들었어요.
시나리오 요약	잎은 광합성을 하고 숨구멍이 탄소를 모아요. 저장 잎은 당분을 담고, 뿌리는 양분을 흡수해요.
친구 질문과 응답	숨구멍은 작동이 느린가요? → 아니오, 자동으로 빠르게 작동해요.

❀ 교사용 지도 포인트

단계	유도 질문 예시
문제 인식	숲이 줄면 왜 문제일까? / 이산화탄소가 많아지면 어떻게 될까?
기능 구성	어떤 기능이 필요할까? / 기능들은 어떻게 연결될까?
내가 만든 기능	내가 만든 기능은 어떤 역할일까? / 왜 이 기능이 필요할까?
시나리오 구성	슈퍼 나무는 하루 동안 어떻게 움직일까? / 어떤 순서로 작동할까?
발표 유도	친구와 어떤 점이 달랐지? / 너의 나무는 어떤 점이 특별했니?

❀ 탄소 잡아먹는 슈퍼 나무 만들기 STEAM 활동 평가 루브릭

평가 항목	평가 루브릭			
	5점(매우 우수)	4점(우수)	3점(보통)	2점 이하(미흡)
과학 개념 이해(광합성, 이산화탄소 흡수, 식물 역할, 에너지 저장)	광합성, 이산화탄소 흡수 등 4개 이상의 개념을 정확히 이해하고 슈퍼 나무 설계에 구체적이고 논리적으로 반영함	주요 개념이 설계나 설명에 비교적 자연스럽게 잘 드러나 있음	일부 개념은 표현되었지만 설명이 부족하거나 기능과 연결이 약함	개념 이해가 부족하거나 설계 과정과 연결이 잘 이루어지지 않음
기능 구성과 흐름 완성도(기능 구성+내가 만든 기능+기능 연결+창의적 설계)	기능들이 탄소 흡수 목적과 논리적으로 연결되어 있고, 내가 만든 기능과 창의적 아이디어도 자연스럽게 통합됨	기능 작동 순서가 대체로 타당하며, 내가 만든 기능도 자연스럽게 포함됨	기능은 있지만 연결이 다소 단순하거나 만든 기능의 설명이 부족함	기능이 단순히 나열되었고, 작동 흐름이나 창의성 요소가 거의 없음
시각 표현과 설계도 완성도(기능 위치, 구조 연결, 말풍선 표현, 색 구분)	기능의 위치와 작동 순서·연결 방식이 그림과 말풍선 등으로 명확히 표현되어 있고, 전체 구조도 시각적으로 잘 구성되어 있음	대부분의 시각 요소가 적절히 표현되어 있고 구조와 설명이 잘 연결됨	시각 자료는 있지만 기능 작동 순서·연결 설명이 부족하고 구조 표현이 모호함	그림만 있고 기능 설명이 거의 없으며 구조와 연결 방식도 불분명함
설명력과 발표 참여(시나리오 설명+친구 질문 응답)	기능의 작동 원리와 구조의 설명이 조리 있고 자연스럽게 잘 이어지며, 친구의 질문에도 논리적으로 잘 응답함	설명 전개가 비교적 자연스럽고, 친구 질문에도 대부분 잘 응답함	설명이 짧거나 다소 단편적이고, 친구의 질문에 대한 응답도 아주 제한적임	발표가 소극적이며, 설명과 질문 응답이 부족해 흐름이 좋지 않음
참여 태도와 협력성(활동 집중도+친구와의 협력)	활동에 적극적으로 참여하고, 슈퍼 나무 설계에 집중했으며 친구와의 소통과 협력도 이루어짐	성실히 참여하고 협력과 피드백도 제대로 이루어짐	활동에는 참여했지만 집중도나 협력 태도가 다소 부족함	활동이 소극적이고 소통이나 협력이 이루어지지 않음

※총점 기준 해석표(총 25점)
★23~25점 : 매우 우수 ★19~22점 : 우수 ★15~18점 : 보통 ★10~14점 : 미흡 ★1~9점 : 매우 미흡

너무
뜨거움

너무
차가움

진공

공기가 남아
있을 수 없어요!

Chapter

3

우주의 과학적 원리 1

태양은 영원히 빛날까

138억 년 전에 대폭발(빅뱅)이 일어났어. 그리고 1초도 안 되는 순간에 우주가 엄청난 크기로 팽창했지. 46억 년 전쯤에는 태양이 오늘과 같은 모습을 갖췄어. 하지만 태양도 영원히 살 수는 없지. 50억 년이 더 지나면 연료가 떨어져 에너지를 만들 수 없기 때문이야.

태양은 98퍼센트(100 가운데 98)가 수소와 헬륨 두 종류의 물질로 이뤄진 뜨겁고 거대한 가스 덩어리야. 고체와 액체, 기체로 이뤄진 지구와는 다르지. 중심부의 온도는 약 1500만 도이고, 바깥쪽 온도는 6000도야. 지름은 지구의 109배이고, 자전 시간은 28일쯤 걸려.

■ 태양계를 이룬 행성 가족. (사진 : 나사)

■ 태양에서 수소가 헬륨으로 바뀌면서 빛과 열이 나는 모습.

태양의 중심부에서는 수소 네 개가 합쳐져 헬륨 하나로 바뀌는 일이 계속 일어나. 그 과정에서 엄청난 빛과 열을 만들어 내지. 46억 년 전의 태양은 넷 가운데 셋이 수소로 이뤄졌어. 나머지는 거의 헬륨이었지. 그런데 지금은 수소가 많이 타 버려서 태양 중심부는 헬륨이 절반을 넘었어.

수소가 계속 타면 중심부에는 헬륨이 더 많이 쌓이게 돼. 50억 년이 지나면 태양 중심부의 수소는 모두 사라지고 헬륨만 남게 되지. 그때부터는 중심부가 쪼그라들면서 바깥쪽 수소가 불붙기 시작해. 그럼 태양 전체가 100~200배까지 서서히 부풀어 오르면서 붉은색(적색)으로 바뀐대.

태양은 앞으로 78억 년 뒤면 죽음을 맞는데. 바깥층이 우주 공간으로 떨어져 나가 먼지처럼 바뀔 거래. 바깥층이 떨어져 나가면, 급격히 쪼그라들어 온도가 아주 높은 중심부만 남게 되지. 그럼 크기는 지구와 비슷해지는데, 무게는 원래 태양의 절반쯤 나갈 거래.

　　그러다 수십억 년이 더 지나면 백색 왜성(흰색의 작은 별)이 되어 1000억 년 넘게 홀로 태양계에 남겨질 거래. 별이 수명을 다해 폭발하면 보통 모든 걸 삼키는 블랙홀로 바뀌지. 태양은 왜 블랙홀이 되지 못하는 걸까. 가볍기 때문이야. 블랙홀이 되려면 적어도 지금 무게의 8배는 되어야 한대.

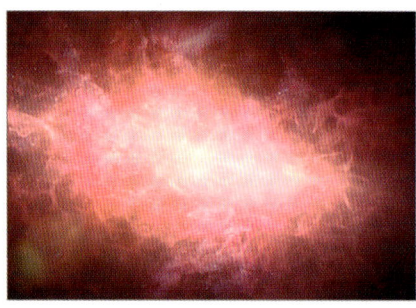

■ 별이 폭발하는 모습. (사진 : 내셔널 지오그래픽)

■ 별이 폭발한 뒤 백색 왜성으로 바뀐 모습.

태양은 10억 년 지날 때마다 밝기가 10퍼센트씩 더 밝아진대. 지구가 그만큼 더 많은 열을 받는다는 뜻이지. 10억 년이 지나면 바닷물이 줄기 시작해, 30억 년 안에 모두 사라진다는군. 50억 년 뒤에는 금성처럼 기온이 400도까지 오른대. 생물이 전혀 살 수 없는 곳이지.

태양이 점점 더 커지면 지구는 궤도가 흔들리다가 결국 태양에 가까워져서 삼켜질 수도 있대. 그리고 사람이 살 수 없는 지구 바깥쪽 행성들이 일시적으로 지금의 지구와 비슷한 환경으로 바뀔 거래. 그러니 그때쯤엔 화성이나 목성 등으로 옮겨 살 준비를 해야 하겠지.

■ 옛 소련의 금성 탐사선 '베네라 13호'가 1982년에 찍은 금성 표면의 모습. 기온이 섭씨 464도에 이른다.

■ 2019년 2월 미국의 화성 로버 '큐리오시티'가 셀카로 촬영한 화성의 모습. (사진 : 나사)

태양의 생애 지도 그리기

🍀 활동 목표

* 태양의 생애 변화 과정을 과학적으로 이해하고 단계별 특징을 구분한다.
* 태양의 생애를 시간 흐름에 따라 시각적으로 구성하여 지도 형태로 표현한다.
* 변화된 태양이 지구와 생명체에 미치는 영향을 상상하고 설명한다.
* 과학 개념과 상상 표현을 연결하여 태양의 생애를 이야기로 표현한다.

🍀 수업 전 배경과 개념 설명

* **태양의 나이** 약 46억 살, 앞으로 50억 년을 더 살 수 있음.
* **핵융합** 태양 중심에서 수소가 헬륨으로 바뀌며 빛과 열이 발생하는 일.
* **적색 거성** 별이 마지막 단계에 이르면 커지고 붉어지는 일. 지구에 큰 영향을 미친다.
* **백색 왜성** 태양의 마지막 단계. 작고 뜨겁고 오래가는 별을 말한다.
* **지구의 미래** 태양의 변화로 살기 어려워짐. 화성 같은 외부 행성으로 이주 가능성이 있다.

🍀 수업 활동

1) 문제 인식과 분석

도입 발문	태양도 정말 나이를 먹을까요? / 나이가 든 태양은 어떤 모습일까요? / 태양이 사라지면 지구와 생명은 어떻게 변하게 될까요?
활동지 칸	태양의 생애를 지도처럼 정리해 보는 활동입니다. 각 단계의 색, 크기, 표정, 특징을 그림으로 나타낸 뒤, 시간의 흐름에 따라 짧은 설명을 적어 보세요.

2) 단계 구성하기+시나리오 쓰기

• 아래 4단계와 내가 만든 단계 1개를 포함해 5단계로 정리해 보세요. 각 단계에서 태양의 모습과 지구에 미치는 영향을 생각하고, 시간 순서에 맞춰 짧은 이야기로 써 보세요.

항목	설명
탄생기	수소로 가득한 어린 별이에요. 밝고 활발하게 빛을 내요.
현재	안정된 에너지를 보내며 지구에 생명을 줘요.
적색 거성	점점 커지고 뜨거워져 지구를 덮을 수 있어요.
백색 왜성	작고 조용하지만 중심은 아주 뜨거워요.
내가 만든 단계	무지개 별 → 남은 가루가 뭉쳐져 새로운 별로 자라기 시작해요.
시나리오 예시	태양은 수소로 가득한 어린 별로 시작해 밝게 빛났어요. 시간이 지나 안정된 에너지를 보내며 지구에 생명을 주었고, 이후 점점 커져 적색 거성이 되었어요. 중심만 남은 태양은 백색 왜성이 되었고, 마지막엔 먼지가 되어 흩어진 뒤, 다시 뭉쳐지며 새로운 별로 자라나기 시작했어요.

3) 설계도 그리기

• 태양의 생애를 왼쪽에서 오른쪽으로 그려 보세요. 각 단계에 번호, 색, 말풍선, 표정을 넣어 태양의 모습과 지구의 변화를 한눈에 볼 수 있도록 표현해 보세요.

표현 예시	① 지금 태양이에요(지구에 생명이 살 수 있어요). ② 적색 거성이 됐어요(커져 지구가 뜨거워졌어요). ③ 껍질이 흩어져요(태양이 작아지고 있어요). ④ 백색 왜성이 됐어요(조용하지만 매우 뜨거워요). ⑤ 무지개 별이 생겼어요(새로운 생명이 시작돼요).

4) 발표와 친구 질문 응답

발표 항목	예시 문장
지도 이름	'태양의 생애 지도'예요.
내가 고른 단계	탄생기, 현재, 적색 거성, 백색 왜성을 선택했어요.
내가 만든 단계	흩어진 태양의 먼지가 새로운 별을 만드는 '무지개 별' 단계를 만들었어요.
시나리오 요약	태양은 수소로 시작해 커지고, 외피를 날려 백색 왜성이 됐어요. 마지막엔 무지개 별이 되었죠.
친구 질문과 응답	왜 태양은 블랙홀이 안 돼요? → 가벼운 별이라 블랙홀이 될 수 없어요.

🍀 교사용 지도 포인트

단계	유도 질문 예시
문제 인식	태양도 늙을까? / 태양이 없어지면 어떻게 될까?
단계 구성	태양의 생애는 몇 단계일까? / 각 단계에 어떤 변화가 생길까?
내가 만든 단계	너만의 상상 단계는? / 왜 이 단계를 만들었니?
시나리오 구성	태양이 변하면 지구엔 무슨 일이 생길까? / 순서는 어떻게 이어질까?
발표 유도	친구의 지도와 뭐가 달랐니? / 가장 특별한 단계는 뭐였니?

🍀 태양의 생애 지도 그리기 STEAM 활동 평가 루브릭

평가 항목	평가 루브릭			
	5점(매우 우수)	4점(우수)	3점(보통)	2점 이하(미흡)
과학 개념 이해(핵융합, 적색 거성, 백색 왜성, 태양의 크기 변화)	태양 생애의 핵심 개념 4개 이상을 정확히 이해하고, 단계별 특징과 지구 변화까지 지도에 잘 반영함	주요 개념이 단계 구성이나 설명에 비교적 자연스럽고 명확하게 포함됨	일부 개념은 표현되었지만 설명이 부족하거나 단계 연결이 다소 약함	개념의 이해가 부족하거나 전체 지도의 흐름과 잘 연결되지 않음
단계 구성과 흐름 완성도(단계 구성+내가 만든 단계+단계 연결+창의적 설계)	태양의 생애 5단계가 시간 흐름에 따라 논리적으로 연결되어 있고, 내가 만든 상상 단계도 창의적으로 통합됨	단계 흐름이 대체로 타당하며, 상상 단계의 내용도 뚜렷하게 잘 포함됨	단계는 있으나 연결이 다소 단순하거나 상상 단계의 내용 설명이 부족함	단계가 단순 나열되었고, 순서나 연결 방식 설명이 약하며, 창의성이 거의 없음
시각 표현과 설계도 완성도(기능 위치, 설명, 구조 표현, 흐름 연결)	단계마다 색·말풍선·표정 등으로 명확하게 표현되어 있고, 전체의 생애 흐름이 시각적으로 잘 구성되어 있음	대부분의 시각 요소가 적절하게 표현되어 있고, 단계 설명과도 잘 연결됨	시각 자료는 있으나 단계 순서·연결 설명이 부족하고 단계 구성이 조금 모호함	그림만 있고 설명이 거의 없으며 단계 순서와 구조가 사실과 다르게 표현됨
설명력과 발표 참여(시나리오 설명+친구 질문 응답)	단계의 순서와 변화 과정을 조리 있게 설명하고, 친구의 질문에도 과학 개념을 기반으로 논리적으로 정확히 응답함	설명이 비교적 자연스럽고, 질문에도 대부분 잘 응답하며 태도도 성실함	설명이 짧거나 단편적이며, 친구 질문에 대한 응답도 제한적이고 개념이 불명확함	발표가 소극적이며 설명이나 응답이 부족해 흐름이 끊기고 집중도도 낮음
참여 태도와 협력성(활동 집중도+친구와의 협력)	활동에 적극 참여하고 지도 제작에 집중했으며 친구와의 소통과 협력도 활발히 이루어짐	성실히 참여하고 협력과 피드백도 비교적 잘 이루어짐	활동에는 참여했지만 집중도나 협력 태도가 다소 부족함	활동이 소극적이고 친구와의 소통이나 협력이 거의 없음

※총점 기준 해석표(총 25점)
★23~25점 : 매우 우수 ★19~22점 : 우수 ★15~18점 : 보통 ★10~14점 : 미흡 ★1~9점 : 매우 미흡

지오몽의 지구 이야기

주인공 **지오몽**은
'지구(Geo)의 꿈'이란 뜻입니다.

달에서는 소리가 들릴까

지구는 여러 가지 소리로 가득하지. 가만히 귀를 기울이고 들어 봐, 무슨 소리가 들리는지. 아파트 창 너머로 새소리가 들리지 않니? 부모님이 아침에 늦잠 자는 나를 깨우시는 소리, 강아지가 짖는 소리, 텔레비전에서 나는 동요 소리, 학교 가는 길에 사람들이 떠드는 소리, 자동차 소리, 선생님이 공부를 가르치시는 소리….

정말 많은 소리로 가득하지 않니? 부모님이 나를 재우는 자장가나 '사랑해, 지오몽!'이라는 속삭임은 가장 듣기 좋은 소리지. 그런데 지오몽이 달에 간다면 그 많은 소리를 들을 수 있을까. 답은 '아니다'야.

■ 달에는 공기가 없어 소리가 전달되지 않는다.

달에는 소리를 옮겨 줄 공기가 없어서 그래. 지구에서는 말을 하면 공기가 울려 생긴 진동(파동)이 사람의 고막을 울려서 귀에 전달되거든. 소리는 호수에서 물결이 전달되는 것과 비슷하게 만들어지는 거야. 잔잔한 호수에 돌을 던지면 물결이 생기지. 이때 물결은 옆으로 퍼질 뿐 물은 제자리에서 위아래로 살짝 흔들리기만 해. 소리도 이처럼 공기가 울려서 생긴 진동을 따라 전달되지.

북을 쳐서 공기를 울리면 물결처럼 공기에 파동이 생기잖아. 이 파동이 듣는 사람의 고막을 자극하면 소리를 들을 수 있는 거야. 달에는 공기가 없기 때문에 이런 파동이 생기지 않아.

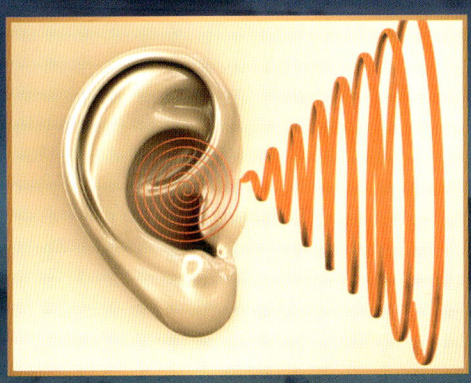

■ 공기가 울려서 생긴 파동이 귀의 고막에 전달되면 소리를 들을 수 있다.

소리는 공기뿐 아니라 물 같은 액체와 강철이나 실 같은 고체를 통해서도 전달되지. 돌고래는 물속에서 소리를 내 자기 의사를 다른 돌고래에게 전달하지. 이때 물이 공기처럼 소리를 전달하는 일을 하게 돼. 실 전화기를 통해서도 친구가 하는 이야기를 들을 수 있어. 고체인 실이 공기처럼 소리를 전달하는 일을 하기 때문이야. 소리는 이처럼 기체 말고도 액체나 고체를 통해서도 전달되지.

그런데 소리를 전달하는 종류에 따라 빠르기가 각각 달라. 공기로 전달되는 소리는 1초에 340미터를 달리지. 물에서는 공기의 4배, 강철은 15배나 빠르게 전달된다고 해.

■ 실 전화기를 통해서도 소리가 전달된다.

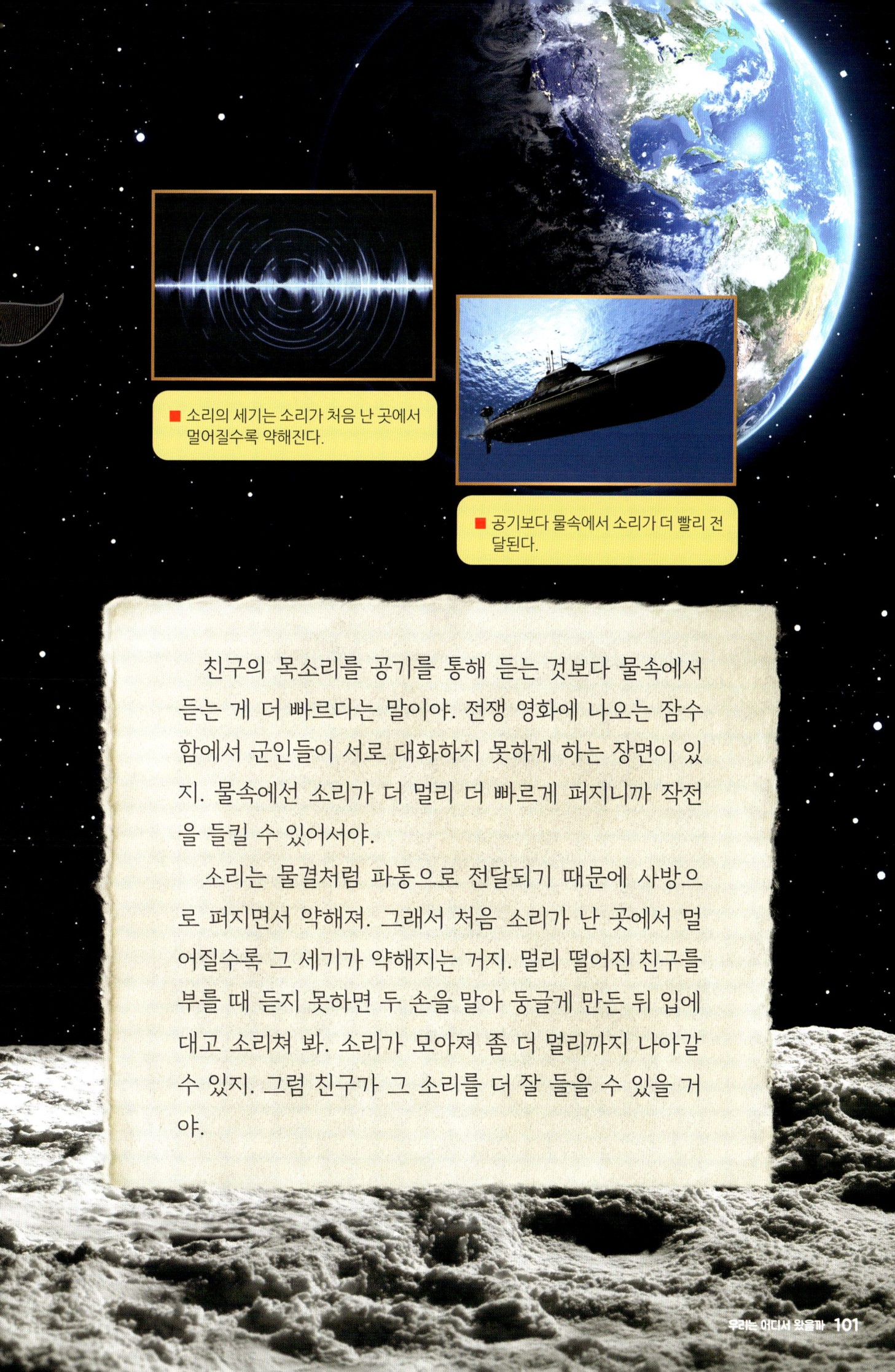

■ 소리의 세기는 소리가 처음 난 곳에서 멀어질수록 약해진다.

■ 공기보다 물속에서 소리가 더 빨리 전달된다.

　　친구의 목소리를 공기를 통해 듣는 것보다 물속에서 듣는 게 더 빠르다는 말이야. 전쟁 영화에 나오는 잠수함에서 군인들이 서로 대화하지 못하게 하는 장면이 있지. 물속에선 소리가 더 멀리 더 빠르게 퍼지니까 작전을 들킬 수 있어서야.

　　소리는 물결처럼 파동으로 전달되기 때문에 사방으로 퍼지면서 약해져. 그래서 처음 소리가 난 곳에서 멀어질수록 그 세기가 약해지는 거지. 멀리 떨어진 친구를 부를 때 듣지 못하면 두 손을 말아 둥글게 만든 뒤 입에 대고 소리쳐 봐. 소리가 모아져 좀 더 멀리까지 나아갈 수 있지. 그럼 친구가 그 소리를 더 잘 들을 수 있을 거야.

소리 전달 실험 설계

🍀 활동 목표

* 달에는 공기가 없어 소리가 전달되지 않는 이유를 이해한다.
* 소리는 파동이며, 전달에는 공기·물·고체 같은 매질이 필요하다는 개념을 배운다.
* 기체, 액체, 고체에 따라 소리 전달 방식과 속도를 비교한다.
* 공기가 없는 공간에서 소리를 전달할 수 있는 창의적인 장치를 설계하고 설명한다.

🍀 수업 전 배경과 개념 설명

* **소리** 물체가 진동하며 생기는 파동으로, 공기·물·고체 같은 매질을 통해 전달됨.
* **파동** 진동이 주변으로 퍼지는 현상. 물결처럼 이어진다.
* **매질** 소리를 전달하는 물질로, 공기·물·철 등 다양한 상태가 있음.
* **달의 환경** 공기가 없어 파동이 전달되지 않고, 말소리도 들리지 않음.
* **소리 속도** 공기(1초에 340미터), 물(공기의 약 4배), 강철(공기의 약 15배) 등 매질에 따라 다름.

🍀 수업 활동

1) 문제 인식과 분석

도입 발문	달에서는 왜 말을 해도 소리가 안 들릴까요? / 소리는 어떤 물질을 통해서 전달될까요? / 달에서 친구와 이야기하려면 어떤 방법이 필요할까요?
활동지 칸	공기가 없는 달에서 친구와 이야기하려면 어떤 장치가 필요한지 생각해 보고, 소리가 전달되는 방식과 작동 원리, 부품의 위치와 작동 순서·연결 방식까지 담아 설계해 보세요.

2) 기능 구성하기+시나리오 쓰기

• 아래 기능 중 3~4개를 고르고, 내가 만든 기능 1개도 추가해서 그 기능이 왜 필요한지 적어 보세요. 또 어떤 순서로 작동하는지도 시나리오로 써 보세요.

항목	설명
진동 막대	물체의 흔들림(진동)이 고체를 따라 전달돼요.
실 전화기	실을 매질로 소리를 전달해요. 공기가 없어도 들을 수 있어요.
물컵 전송기	물을 통해 진동을 전달해요. 소리가 더 빠르게 이동해요.
소리 감지판	진동이 닿으면 판이 흔들려요. 이를 귀나 감지기로 받아요.
내가 만든 기능	빛 신호 스피커 → 소리가 전달되지 않으면, 빛으로 신호를 전달해요.
시나리오 예시	달에서는 소리가 들리지 않아요. 실을 이용해 소리를 전달했고, 물컵 전송기로 더 빠르게 보냈어요. 진동 감지판으로 소리를 받았지만 잘 안 들려서 빛 신호 스피커로 신호를 다시 전달했어요. 그 신호를 친구가 감지판으로 다시 받아서 화면에 표시되도록 했어요.

3) 설계도 그리기

• 실, 물컵, 판 등을 이용한 장치를 그린 뒤, 진동이 퍼지는 방향을 말풍선과 화살표로 나타내세요. 지구와 달처럼 공기가 있고 없음에 따라 소리 전달 방식도 비교해 보세요.

표현 예시	① 실 전화기를 입에 대고 소리를 냈어요. ② 실이 진동하며 상대방에게 전달돼요. ③ 판이 진동하면 감지기로 감지돼요. ④ 물컵 속에서는 소리가 더 빨리 전달돼요. ⑤ 달에서는 소리 대신 빛 신호로 전달돼요.

4) 발표와 친구 질문 응답

발표 항목	예시 문장
시스템 이름	'지오몽 달 소리 전달기'예요.
내가 고른 기능	진동 막대, 실 전화기, 물컵 전송기, 소리 감지판을 선택했어요.
내가 만든 기능	소리가 안 들릴 때 빛 신호 스피커가 빛으로 알려 줘요.
시나리오 요약	달에 장치를 설치하고 실과 물컵으로 진동을 보냈어요. 안 들릴 땐 빛으로 신호를 보냈어요.
친구 질문과 응답	진짜 목소리는 안 들리나요? → 네, 공기가 없어 진동과 빛으로만 전달돼요.

❉ 교사용 지도 포인트

단계	유도 질문 예시
문제 인식	달에서는 왜 말이 안 들릴까? / 진동은 어떻게 전달될까?
기능 구성	소리를 전달하려면 어떤 기능이 필요할까? / 어떤 물질이 더 잘 전달될까?
내가 만든 기능	빛 신호 스피커는 왜 필요할까? / 소리가 안 들릴 땐 어떤 기능이 필요할까?
시나리오 구성	장치가 어떤 순서로 작동했니? / 어떤 문제를 해결했니?
발표 유도	친구의 장치와 어떤 점이 달랐니? / 너의 장치에서 가장 중요한 기능은 뭐였니?

❉ 소리 전달 실험 설계 STEAM 활동 평가 루브릭

평가 항목	평가 루브릭			
	5점(매우 우수)	4점(우수)	3점(보통)	2점 이하(미흡)
과학 개념 이해(소리, 파동, 매질, 전달 방식)	소리와 파동, 매질 등 개념을 4개 이상 정확하게 이해하고, 장치의 설계와 작동 원리 설명에 충분하고 구체적으로 반영함	주요 개념이 기능 구성이나 설명에 비교적 자연스럽고 명확히 포함됨	일부 개념은 표현되었지만 설명이 짧거나 기능 연결이 다소 약함	개념 이해가 부족하거나 설계 단계와 연결이 제대로 이뤄지지 않음
기능 구성과 흐름 완성도(기능 구성+내가 만든 기능+기능 연결+창의적 설계)	기능들이 소리 전달 문제 해결에 맞게 논리적으로 잘 연결돼 있고, 내가 만든 기능도 창의적으로 통합되어 있음	기능 작동 순서가 대체로 타당하며, 만든 기능도 자연스럽게 포함됨	기능은 있지만 연결이 다소 단순하거나 만든 기능 설명이 부족함	기능이 나열만 되고 작동 순서와 연결 설명이나 창의성 요소가 거의 없음
시각 표현과 설계도 완성도(기능 위치, 설명, 구조 표현, 전달 흐름)	기능과 진동 전달 과정이 색·화살표·말풍선 등으로 명확하게 표현되어 있고, 전체적인 구조가 시각적으로 잘 구성되어 있음	대부분 시각 요소가 적절히 표현되어 있고, 기능 설명과도 잘 연결됨	시각 자료는 있으나 작동 순서·연결 설명이 부족하거나 구조 구성이 모호	그림만 있고 설명이 거의 없으며 연결 방식과 기능 배치가 매우 불분명함
설명력과 발표 참여(시나리오 설명+친구 질문 응답)	소리 전달 방식과 작동 순서를 조리 있게 설명하고, 친구 질문에도 과학 개념을 바탕으로 논리적으로 잘 응답함	설명 전개가 비교적 자연스럽고, 친구의 질문에도 대부분 잘 응답함	설명이 짧거나 단편적이며, 응답도 제한적이고 개념 연결도 부족함	발표가 소극적이며 설명이나 응답이 부족해 전체 흐름이 자주 끊김
참여 태도와 협력성(활동 집중도+친구와의 협력)	활동에 적극 참여하고 장치 설계에 집중했으며 친구와의 소통과 협력도 활발히 이루어짐	성실히 참여하고 협력과 피드백도 비교적 잘 이뤄짐	활동은 참여했지만 집중도나 협력 태도가 다소 부족함	활동이 소극적이고 친구와 소통이나 협력이 거의 없음

※총점 기준 해석표(총 25점)
★23~25점 : 매우 우수 ★19~22점 : 우수 ★15~18점 : 보통 ★10~14점 : 미흡 ★1~9점 : 매우 미흡

활동 지침서

(01~15)

활동 개요

도시의 핵심 기능과 문제 해결을 탐구하는 과학(S), 도시 문제 해결 방안을 고안하는 기술(T), 도시 모형을 설계·제작하는 공학(E), 도시 구조를 창의적으로 표현하는 예술(A), 구역의 비율과 기능을 분석·비교하는 수학(M)이 융합된 STEAM 활동입니다.

활동 준비물

주제별 준비물(교사 준비)은 도시의 핵심 기능과 문제를 이해하는 자료이며, 창의 재료는 이를 반입체 모형과 시각 자료로 표현합니다.

구분	준비물
기본 준비물	연필, 지우개, 자, 가위, 커터 칼, 딱풀(쓰기·지우기·선 긋기·자르기·붙이기), 색연필(작은 그림·글씨 색칠), 사인펜(핵심 내용 강조)
공통 준비물	A4 용지(시나리오와 완성된 아이디어 정리), A3 이상 도화지(내가 선택한 기능 설명과 도시 설계도 그리기), 색종이(기능 구역 표현), 스티커·말풍선(기능 설명과 시각 강조), 라벨지(구역 이름과 설명), 포스트잇(새 아이디어 작성), 마스킹 테이프(구조물 임시 부착 등), 클립보드(도면 고정), 지퍼백(재료 보관)
주제별 준비물 (활동 전 학습)	지오몽 교재, 지속 가능한 미래 도시 영상 자료, 열섬 현상·혼잡 교통·에너지 고갈 등 도시 문제 이해 자료
창의 재료	폼보드(도시 구조 바탕판), EVA폼(건물·기둥·탑 표현), 우드락 조각(벽체·도로 턱 표현), 투명 플라스틱 조각(유리창·패널 표현), 빨대(배관·파이프 표현), 실(전선·신호선 표현), 색종이(건물·도로·녹지 표현), 목공풀(종이·EVA 고정), 글루건(구조물 접합)

※ 준비물은 활동지 구성에 맞게 조정 가능합니다. 기본 준비물은 학생이 늘 사용하는 학습 도구이고, 공통 준비물은 수업 전 과정에서 공통으로 필요한 자료입니다.

세부 활동 지침

도시의 핵심 기능과 문제 해결 방법을 탐구하며, 반입체 모형과 시각 자료로 표현하는 활동입니다.

1) 상황 이해하기 : 도시 문제의 사례를 살펴보고, 왜 새로운 도시 설계가 필요한지 생각해 봅니다.
2) 기능 선택하기 : 물, 공기, 에너지 등 도시 기능 가운데 하나를 선택하고, 그 이유를 정리합니다.
3) 시나리오 쓰기 : 선택한 기능이 도시에서 어떤 방식으로 작동할지 짧은 이야기로 구성합니다.
4) 설계도 그리기 : 도시 전체 구조를 A3 도화지에 그리고, 색종이로 구역을 나눕니다.
5) 반입체 구조물 만들기 : 설계도를 바탕으로 폼보드 위에 도시의 입체 구조를 만듭니다. EVA폼을 잘라 건물이나 탑을 세우고, 우드락 조각으로 벽체와 도로 턱을 표현합니다. 유리창이나 태양광 패널은 투명 플라스틱 조각으로 붙입니다. 건물과 구조물은 글루건으로 고정하고, 넓은 부위는 목공풀을 사용합니다. 도로·녹지·건물 외벽은 색종이로 표현합니다. 구역 간 연결은 실로 전선을, 빨대로 파이프와 배관을 나타냅니다. 각 기능 구역에는 라벨지를 붙이고, 포스트잇으로 아이디어를 보완합니다. 말풍선 스티커나 그림을 추가해 시각적 요소를 강화합니다. 기능의 연결을 표현할 때는 실로 센서를 연결하거나, 빨대 안에 종이를 넣어 파이프의 내부를 보여 줍니다. 녹지 구역은 색종이를 뭉쳐 나무처럼 만들고, EVA 조각은 잔디밭처럼 활용합니다. 지붕 위에는 투명 플라스틱을 덮어 발전소나 온실로 표현하고, 연결을 강조할 땐 색실로 구분합니다. 벽체는 두 겹으로 덧붙이거나 단면을 세워 입체감을 더합니다.
6) 보완하기 : 전체 도시를 다시 살펴보고, 부족한 기능과 연결 상태를 보완합니다.
7) 마무리하기 : 완성한 도시를 친구들과 공유하고 기능을 설명합니다.

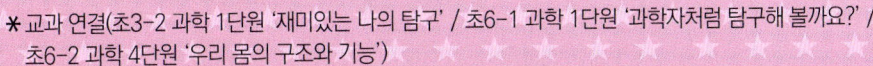

02 · 나만의 생각머리 만들기 활동 해설지

📖 활동 개요

여러 지능의 개념과 특징을 탐구하는 과학(S), 지능 활용 방법을 고안하는 기술(T), 생각머리 모형을 설계·제작하는 공학(E), 지능과 머리 구조를 창의적으로 표현하는 예술(A), 지능의 종류와 비율을 분석·비교하는 수학(M)이 융합된 STEAM 활동입니다.

📖 활동 준비물

주제별 준비물(교사 준비)은 여러 지능의 개념과 사례를 탐구하는 자료이며, 창의 재료는 이를 생각머리 반입체 모형으로 제작·표현하는 도구입니다.

구분	준비물
기본 준비물	연필, 지우개, 자, 가위, 커터 칼, 딱풀(쓰기·지우기·선 긋기·자르기·붙이기), 색연필(작은 그림·글씨 색칠), 사인펜(핵심 내용 강조)
공통 준비물	A4 용지(시나리오와 완성된 아이디어 작성), A4 활동지(선택한 지능 설명과 설계도 작성), 색종이(지능 영역 구분 배경 붙이기), 포스트잇(아이디어 기록·분류), 스티커·말풍선·라벨지(지능 설명·꾸미기), 마스킹 테이프(모형 임시 고정), 양면 테이프(EVA폼·클레이 부착), 클립보드(도면 고정), 지퍼백(재료 보관)
주제별 준비물 (활동 전 학습)	지오몽 교재, 지능 사례 이미지(언어=책 읽기, 감정=표정 자료), 학교·집·놀이 속 지능 사진
창의 재료	대형 도화지(바닥판), 플라스틱 반구(생각머리 전체 표현), EVA폼(생각머리 입체 표현), 클레이(지능 요소 꾸밈, 얼굴 표정·책·말풍선 등 작은 모형), 철사(감정 안테나, 말풍선 지지대), 눈알 스티커(표정 표현), 색실(지능 연결선 또는 감정 표현용), 투명 플라스틱 조각(생각 구름), 글루건(구조물 접합)

※ 준비물은 활동지 구성에 맞게 조정 가능합니다. 기본 준비물은 학생이 늘 사용하는 학습 도구이고, 공통 준비물은 수업 전 과정에서 공통으로 필요한 자료입니다.

📖 세부 활동 지침

여러 지능의 개념과 특징을 탐구하며, 선택한 지능을 반입체 모형과 시각 자료로 표현하는 활동입니다.

1) 상황 이해하기 : 교재와 사진을 통해 다양한 지능을 이해합니다.
2) 지능 선택하기 : 포스트잇에 선택한 지능과 그 이유를 간단히 작성합니다.
3) 시나리오 쓰기 : A4 용지에 해당 지능이 드러나는 장면을 이야기 형식으로 서술합니다.
4) 설계도 그리기 : 활동지에 필요한 재료의 목록과 구조를 도식화합니다.
5) 반입체 구조물 만들기 : 대형 도화지를 바닥판으로 활용해 작업을 시작합니다. EVA폼을 잘라 생각머리의 입체적인 틀을 만들고, 중앙에는 플라스틱 반구를 고정해 머리의 구조를 잡습니다. EVA폼은 두께감이 있어서 안정감을 줍니다. 클레이를 사용해 선택한 지능에 어울리는 책, 말풍선, 표정, 도구 등을 빚어 붙입니다. 언어 지능은 책이나 말풍선을, 감정 지능은 얼굴 표정과 감정 안테나를 중심으로 표현합니다. 눈알 스티커는 표정에 생동감을 더하며, 철사는 말풍선 지지대나 감정 표현의 연장선으로 사용합니다. 색실은 지능 간 연결 또는 사고의 흐름을 시각적으로 나타낼 때 좋습니다. 생각 구름은 투명 플라스틱 조각으로 제작하고, 이를 떠 있는 형태로 배치해 상상력을 극대화합니다. 클레이나 EVA폼의 고정에는 양면 테이프를 쓰고, 단단히 고정할 경우 글루건을 사용합니다. 마스킹 테이프는 임시 고정에 쓰고, 위치를 확정한 뒤에는 글루건 등으로 교체합니다. 스티커나 라벨지를 써서 지능의 이름과 역할 등을 부착합니다. 색종이로 각 영역의 배경을 나눠서 시각적으로 돋보이게 합니다.
6) 보완하기 : 완성된 구조물을 살펴보고, 부족한 점은 보완합니다.
7) 마무리하기 : 완성된 작품을 발표한 뒤 피드백을 받아 반영합니다.

📖 활동 개요

손도끼의 기능과 생존 도구의 원리를 탐구하는 과학(S), 도끼의 쓰임을 생활에 적용하는 기술(T), 이를 설계하고 입체로 만드는 공학(E), 형태를 창의적으로 표현하는 예술(A), 구조와 기능을 비교·분석하는 수학(M)이 융합된 STEAM 활동입니다.

📖 활동 준비물

주제별 준비물(교사 준비)은 손도끼의 기능과 쓰임을 탐구하는 개념 자료이며, 창의 재료는 이를 바탕으로 손도끼의 구조와 주요 기능을 시각적으로 표현하는 데 쓰입니다.

구분	준비물
기본 준비물	연필, 지우개, 자, 가위, 커터 칼, 딱풀(쓰기·지우기·선 긋기·자르기·붙이기), 색연필(작은 그림·글씨 색칠), 사인펜(핵심 내용 강조)
공통 준비물	A4 용지(시나리오와 완성된 아이디어 정리), A4 활동지(손도끼 모양과 기능을 설명하고, 설계도 그리기), 포스트잇(아이디어 메모), 라벨지(이름과 기능 표시), 마스킹 테이프(손도끼 조립 시 부품 임시 고정), 양면 테이프(부재료 연결), 클립보드(도면 고정), 지퍼백(재료 보관)
주제별 준비물 (활동 전 학습)	지오몽 교재, 선사 시대 도구 사진(도끼, 불 피우기), 기능 그림(고기 썰기, 불 지피기, 방어 상황), 생존 상황 역할 카드(문제 상황을 주고 기능을 선택하게 함)
창의 재료	EVA폼(도끼 구조 입체 표현), 나무 막대(손잡이 표현 재료), 플라스틱 조각(날 표현), 클레이(기능 장치나 표정 만들기), 찰흙(질감과 형태 표현), 끈(손잡이와 날을 연결하거나 묶기), 고무망치(결합 부위 두들겨 단단히 고정), 글루건(재료 접착)

※ 준비물은 활동지 구성에 맞게 조정 가능합니다. 기본 준비물은 학생이 늘 사용하는 학습 도구이고, 공통 준비물은 수업 전 과정에서 공통으로 필요한 자료입니다.

📖 세부 활동 지침

생존 도구인 손도끼의 기능과 쓰임을 탐구하고, 선택한 기능을 반입체 모형과 시각 자료로 표현하는 활동입니다.

1) **상황 이해하기** : 선사 시대의 도구 사진을 보면서 손도끼의 다양한 기능을 파악하고, 용도를 결정합니다.

2) **도끼 기능 선택하기** : 문제 상황 역할 카드를 활용해 고기 썰기, 불 피우기, 방어 등 선택한 기능에 맞는 손도끼를 구상합니다.

3) **시나리오 쓰기** : 불을 피워야 하는 상황 또는 고기를 썰어야 하는 상황 등 도끼가 실제로 사용되는 장면을 상상해 A4 용지에 기록합니다. 포스트잇에 핵심 아이디어를 정리합니다.

4) **설계도 그리기** : A4 활동지에 손잡이와 날의 길이, 각도 등을 표시해 도끼의 기능에 맞게 디자인합니다. 자와 연필로 정확한 치수를 측정하고, 마스킹 테이프나 라벨지로 중요한 부분을 표시합니다.

5) **반입체 구조물 만들기** : 설계도를 참고해 EVA폼, 나무 막대, 플라스틱 조각, 클레이, 고무망치를 사용해 도끼의 구조를 만듭니다. 먼저 나무 막대를 사용해 적당한 크기로 손잡이를 만듭니다. 손잡이는 사용하기 좋게 길이와 두께를 조정합니다. 그다음 플라스틱 조각을 이용해 날을 만들고, 찰흙으로 날 부분을 세밀하게 표현합니다. EVA폼을 덧입혀 도끼 모양을 입체적으로 만듭니다. 부품별로 모두 만든 뒤 끈으로 손잡이와 날을 임시 연결합니다. 그 뒤 양면 테이프로 부품을 다시 고정하고, 고무망치로 살살 두들겨 부품을 단단히 결합합니다. 마지막은 글루건으로 모든 부품을 완전히 고정시킵니다.

6) **보완하기** : 만든 손도끼의 기능과 구조를 점검하고, 부족한 부분을 보완합니다. 도끼의 핵심 기능을 강조하고, 라벨지에 이름과 기능을 적어 부착합니다.

7) **마무리하기** : 완성된 손도끼를 발표한 뒤, 각자의 도끼를 비교하고, 기능성과 디자인을 평가합니다.

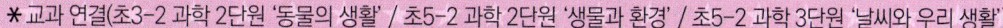

04·유인원의 생존 전략 선택하기 활동 해설지

📖 활동 개요

유인원의 생존 전략과 생활을 탐구하는 과학(S), 그 전략을 다양한 상황에 적용하는 기술(T), 반입체 모형을 설계하고 제작하는 공학(E), 특징과 행동을 창의적으로 표현하는 예술(A), 전략의 종류와 비율을 분석·비교하는 수학(M)이 융합된 STEAM 활동입니다.

📖 활동 준비물

주제별 준비물(교사 준비)은 유인원의 생존 전략과 특징을 탐구하는 자료이며, 창의 재료는 이를 입체 모형과 시각 자료로 표현하는 도구입니다.

구분	준비물
기본 준비물	연필, 지우개, 자, 가위, 커터 칼, 딱풀(쓰기·지우기·선 긋기·자르기·붙이기), 색연필(작은 그림·글씨 색칠), 사인펜(핵심 내용 강조)
공통 준비물	A4 용지(시나리오와 완성된 아이디어 정리), A4 활동지(선택한 전략 설명과 설계도 작성), 포스트잇(아이디어 기록), 색종이(환경 장식과 초목 표현), 스티커·라벨지(이름과 기능 표시), 마스킹 테이프(부품 임시 고정), 클립보드(도면 고정), 지퍼백(재료 보관)
주제별 준비물 (활동 전 학습)	지오몽 교재, 유인원의 생존 전략을 보여 주는 짧은 영상, 환경 변화 그림 또는 사진(숲 파괴, 기후 변화, 먹이 부족)
창의 재료	대형 도화지(배경 바닥), EVA폼(유인원 몸과 도구 꾸미기), 클레이(얼굴 표정과 작은 물건 꾸미기), 나무 막대(팔다리처럼 긴 부분 만들기), 끈(팔다리나 도구 연결), 찰흙(과일과 나무 등 입체 모형), 플라스틱 구슬(열매나 작은 장식), 자갈 모형(바닥 느낌 표현), 펠트지 조각(풀과 잎사귀 꾸미기), 우드 칩·코르크 조각(나무껍질과 유인원의 잠자리 등 표현)

※ 준비물은 활동지 구성에 맞게 조정 가능합니다. 기본 준비물은 학생이 늘 사용하는 학습 도구이고, 공통 준비물은 수업 전 과정에서 공통으로 필요한 자료입니다.

📖 세부 활동 지침

유인원의 생존 전략과 특징을 탐구하며, 선택한 전략을 반입체 모형과 시각 자료로 표현하는 활동입니다.

1) 상황 이해하기 : 영상과 그림 자료를 보며, 유인원의 생존 전략과 환경 변화를 이해합니다.
2) 전략 선택하기 : 포스트잇에 선택한 전략을 적고, 그 이유를 활동지에 간단히 정리합니다.
3) 시나리오 쓰기 : A4 용지에 전략이 사용되는 상황을 글이나 그림으로 표현합니다.
4) 설계도 그리기 : 클립보드에 고정한 활동지에 필요한 구조와 재료를 그림으로 그립니다.
5) 반입체 구조물 만들기 : 대형 도화지를 배경 바닥으로 깔고, EVA폼을 잘라 유인원들의 몸통 틀과 배경 구조를 만듭니다. 플라스틱 구슬은 열매나 도구 장식으로, 나무 막대는 팔다리와 뼈대의 구조로 사용합니다. 클레이는 얼굴 표정과 손, 도구의 세부 모양을 만드는 데 필요합니다. 찰흙은 열매와 나무, 돌 등을 사실적으로 빚는 데 쓰입니다. 끈을 이용해 팔과 도구를 연결하면 움직임을 표현할 수 있습니다. 도구는 손에 쥔 모양으로 고정해 보세요. 자갈 모형은 바닥 질감을 나타냅니다. 펠트지 조각은 잔디와 털, 잎사귀로 꾸미기에 좋고, 우드 칩이나 코르크 조각은 나무껍질과 유인원 잠자리 등을 표현할 때 사용합니다. 부품 고정에는 마스킹 테이프로 임시 고정한 뒤, 위치가 정해지면 딱풀이나 글루건 등으로 단단히 붙입니다. 색연필과 사인펜으로 필요한 부분을 색칠해서 강조하며, 스티커와 라벨지로 전략의 이름과 기능을 표시합니다. 색종이로는 초목과 환경 요소를 꾸민 뒤 전체 장면을 완성합니다.
6) 보완하기 : 작품을 살펴보며 부족한 부분을 보완하거나 표현을 더해서 완성도를 높입니다.
7) 마무리하기 : 완성된 구조물을 발표하고, 친구들의 피드백을 받아 정리합니다.

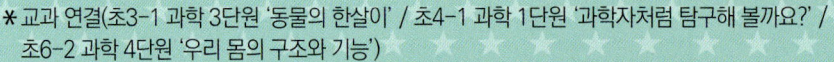

📖 활동 개요

디지털 인간과 휴머노이드 인간의 생존 기능을 탐구하는 과학(S), 기능을 상황에 맞게 적용하는 기술(T), 모형을 설계하고 제작하는 공학(E), 외형을 창의적으로 표현하는 예술(A), 기능 분포를 분석·비교하는 수학(M)이 융합된 STEAM 활동입니다.

📖 활동 준비물

주제별 준비물(교사 준비)은 디지털 인간과 휴머노이드 인간의 생존 기능을 탐구하는 자료이며, 창의 재료는 이를 반입체 모형과 시각 자료로 표현하는 도구입니다.

구분	준비물
기본 준비물	연필, 지우개, 자, 가위, 커터 칼, 딱풀(쓰기·지우기·선 긋기·자르기·붙이기), 색연필(작은 그림·글씨 색칠), 사인펜(핵심 내용 강조)
공통 준비물	A4 용지(시나리오와 완성된 아이디어 작성), A4 활동지(선택한 전략 설명과 설계도 작성), 색종이(기능 구분), 포스트잇(아이디어 정리), 스티커·말풍선·라벨지(기능 표시와 꾸미기), 마스킹 테이프(부품 임시 고정)
주제별 준비물 (활동 전 학습)	지오몽 교재, 디지털 인간 사례 이미지나 영상(인공 지능, 감정 제어 등 기능 이해), 미래 생활 사진 자료(극한 환경, 전자 장치 이해)
창의 재료	대형 도화지(바닥판), EVA폼(몸통과 기계 구조), 폼보드(몸체 판, 내부 구조), 클레이(기억 칩, 감정 조절 장치, 언어 변환기, 동작 제어기, 입·눈 표현), 플라스틱 반구(뇌, 센서), 찰흙(돌기와 입체 부품), 컬러 와이어(회로·기능 연결), 투명 플라스틱 조각(센서 덮개·유리 장치), 아크릴 구슬(감정·인지 센서), 메탈 스티커(디지털 기계 연출), 펠트지 조각(눈 주변 질감 표현)

※ 준비물은 활동지 구성에 맞게 조정 가능합니다. 기본 준비물은 학생이 늘 사용하는 학습 도구이고, 공통 준비물은 수업 전 과정에서 공통으로 필요한 자료입니다.

📖 세부 활동 지침

디지털과 인간과 휴머노이드 인간의 생존 기능을 탐구하고, 선택한 인간의 기능을 반입체 모형과 시각 자료로 표현하는 활동입니다.

1) 상황 이해하기 : 디지털 인간과 휴머노이드 인간의 특징을 영상과 그림으로 살펴봅니다.
2) 인간 선택하기 : 포스트잇에 선택한 인간의 유형을 적고 활동지에 이유를 정리합니다.
3) 시나리오 쓰기 : 선택한 인간이 미래의 환경에서 활동하는 모습을 글로 표현합니다.
4) 설계도 그리기 : 선택한 인간의 구조와 재료를 그림으로 설계합니다.
5) 반입체 구조물 만들기 : 대형 도화지를 배경에 깔고, EVA폼으로 몸통의 뼈대를 만듭니다. 폼보드는 내부 공간을 나누거나 판처럼 덧붙여 구조를 표현합니다. 클레이로는 기억 저장 칩, 감정 조절 장치, 언어 변환기, 동작 제어기 등 기능을 입체적으로 표현합니다. 눈과 입 등 외형도 빚어 붙입니다. 플라스틱 반구는 뇌나 센서를 입체적으로 표현하는 데 쓰고, 찰흙으로는 말하는 입과 돌기 부분, 작은 부품을 만듭니다. 작은 부품은 커터 칼의 끝으로 선을 새겨 넣어도 좋습니다. 컬러 와이어를 회로처럼 연결해 전자적 느낌을 줍니다. 투명 플라스틱 조각은 센서 덮개나 보호 장치로 이용합니다. 아크릴 구슬은 반짝이는 센서처럼 표현하고, 메탈 스티커는 기계적인 표면 연출에 효과적입니다. 펠트지 조각으로는 감정을 나타내는 장치나 눈 주위에 따뜻한 질감을 표현합니다. 스티커와 라벨지에는 인간 유형과 각 부분의 이름을 표시하고, 색연필과 사인펜으로 강조해 꾸밉니다. 색종이는 배경 장식과 기능 구분에 활용합니다.
6) 보완하기 : 전체를 살펴보고 부족한 부분을 수정하거나 표현을 추가합니다.
7) 마무리하기 : 완성된 인간 모형을 친구들에게 발표하고 피드백을 반영합니다.

📖 활동 개요

가축의 메테인 배출을 탐구하는 과학(S), 메테인 저감과 태양광 발전 장치를 생활에 적용하는 기술(T), 메테인 배출이 없는 농장을 설계·제작하는 공학(E), 농장 모형을 창의적으로 표현하는 예술(A), 메테인 저감 전후를 비교·분석하는 수학(M)이 융합된 STEAM 활동입니다.

📖 활동 준비물

주제별 준비물(교사 준비)은 태양광 발전의 원리와 농장 구조를 설계하는 학습 자료이며, 창의 재료는 이를 반입체 구조와 시각 자료로 구현합니다.

구분	준비물
기본 준비물	연필, 지우개, 자, 가위, 커터 칼, 딱풀(쓰기·지우기·선 긋기·자르기·붙이기), 색연필(작은 그림·글씨 색칠), 사인펜(핵심 내용 강조)
공통 준비물	A4 용지(시나리오와 완성된 아이디어 작성), A4 활동지(선택한 기능 설명과 설계도 작성), 색종이(설명 글), 스티커·말풍선·라벨지(기능 표시와 꾸미기), 포스트잇(아이디어 정리), 마스킹 테이프(부품 임시 고정), 클립보드(설계도 고정), 지퍼백(재료 보관)
주제별 준비물 (활동 전 학습)	지오몽 교재, 기후 변화와 메테인 관련 기사 또는 시각 자료, 태양광 발전 구조 이해용 도서나 영상, 지속 가능한 농업 관련 개념 학습 자료
창의 재료	폼보드(건물 외형과 농장 기반 구조물), EVA폼(태양광 패널과 지붕 표현), 친환경 목재 스틱(지지대와 공간 나누기), 미니 태양광 키트(배터리, 전선, 스위치), 전기 테이프(전선 절연), 집게형 클립(임시 연결), 은박지(태양광 반사판 표현), 투명 PET 시트(농장 위에 겹쳐 메테인 배출 배관 경로 표시), 글루건(구조물 접합)

※ 준비물은 활동지 구성에 맞게 조정 가능합니다. 기본 준비물은 학생이 늘 사용하는 학습 도구이고, 공통 준비물은 수업 전 과정에서 공통으로 필요한 자료입니다.

📖 세부 활동 지침

태양광 발전의 원리와 메테인 감축 구조를 탐구하며, 농장 기능과 태양 에너지의 전기 전환 과정을 반입체 구조와 시각 자료로 표현하는 활동입니다.

1) 상황 이해하기 : 기후 변화로 인한 농업 문제를 이해하고, 메테인 감축과 태양광 발전의 필요성을 살펴봅니다.
2) 기능 선택하기 : 농장에 필요한 기능(에너지 생산, 분뇨 처리 등)을 정하고, 해결할 문제를 구체화합니다.
3) 시나리오 쓰기 : 선택한 기능이 작동하는 장면을 짧은 이야기 형식으로 구성합니다.
4) 설계도 그리기 : 건물 배치, 구조 연결, 에너지 전환을 활동지에 도식으로 표현합니다.
5) 반입체 구조물 만들기 : 폼보드를 바닥판으로 사용해 농장을 구성합니다. 친환경 목재 스틱을 잘라 기능별 구역의 경계와 구조물의 골조로 붙여서 각 영역을 구분합니다. EVA폼은 지붕과 태양광 패널 형태로 잘라 건물 위에 부착하고, 빛을 받을 수 있도록 각도를 조정합니다. 태양광 패널에는 미니 태양광 키트의 전선을 연결해 배터리와 스위치까지 회로를 구성하고, 전기 테이프로 절연합니다. LED 전구가 점등되도록 회로를 완성해 태양 에너지가 전기로 바뀌는 과정을 확인합니다. 기능별 공간에는 색종이나 포스트잇에 기능 설명과 역할을 적어 붙입니다. 시각적으로 쉽게 구분되도록 말풍선, 라벨지, 스티커도 활용합니다. 투명 PET 시트는 완성된 구조 위에 덧대어, 메테인이 배출되어 지하 배관을 따라 이동하는 경로를 화살표로 표현합니다. 은박지는 태양광 패널 옆에 반사판처럼 붙여 발전소 느낌을 강조하고, 글루건으로 전체 구조물을 고정합니다.
6) 보완하기 : 구조물을 점검하고, 부족한 부분을 보완합니다.
7) 마무리하기 : 작품을 발표하고 피드백을 받아 설계에 반영합니다.

07·약물 없는 싱크대 만들기 **활동 해설지**

활동 개요

약물 오염과 차단 방안을 탐구하는 과학(S), 장치를 생활에 적용하는 기술(T), 싱크대 구조를 설계·제작하는 공학(E), 싱크대 모형을 창의적으로 표현하는 예술(A), 약물 오염 전후 변화를 관찰·비교하는 수학(M)이 융합된 STEAM 활동입니다.

활동 준비물

주제별 준비물(교사 준비)은 약물 오염 경로와 피해를 이해하는 자료이고, 창의 재료는 이를 모형과 시각 자료로 표현해 차단 장치를 만드는 도구입니다.

구분	준비물
기본 준비물	연필, 지우개, 자, 가위, 커터 칼, 딱풀(쓰기·지우기·선 긋기·자르기·붙이기), 색연필(작은 그림·글씨 색칠), 사인펜(핵심 내용 강조)
공통 준비물	A4 용지(시나리오와 완성된 아이디어 작성), A4 활동지(선택한 장치 설명과 설계도 작성), 색종이(영역 배경), 포스트잇(새로운 아이디어 정리), 스티커·말풍선·라벨지(꾸미기, 이름과 기능 적기, 감지 반응 나타내기), 마스킹 테이프(모형 임시 고정), 클립보드(도면 고정), 지퍼백(재료 보관)
주제별 준비물 (활동 전 학습)	지오몽 교재, 약물이 바다로 흘러가는 경로 그림, 약물에 오염된 물속 생물 그림, 수질 테스트 키트(약물 섞인 물을 색 변화 등으로 관찰)
창의 재료	대형 도화지(모형 배치 바탕), EVA폼(장치의 틀과 바닥 제작), 클레이(필터, 센서, 배수구 표현), 플라스틱 반구(배수구 모형), 약물 모형 구슬(버려진 약물 표현), 색 변화 스티커(수질 오염 감지 표현), 작은 종+버저(약물 감지 시 경고음), 초록 LED(깨끗한 물 신호), 철사(지지대·연결선)

※ 준비물은 활동지 구성에 맞게 조정 가능합니다. 기본 준비물은 학생이 늘 사용하는 학습 도구이고, 공통 준비물은 수업 전 과정에서 공통으로 필요한 자료입니다.

세부 활동 지침

약물 오염의 원인과 차단 방법을 탐구하고, 선택한 장치를 반입체 모형과 시각 자료로 표현하는 활동입니다.

1) 상황 이해하기 : 약물 오염이 생물과 사람에게 일으키는 피해를 이해하고, 약물 없는 싱크대의 필요성을 파악합니다.
2) 기능 선택하기 : 감지, 여과, 배수 등 필요한 기능을 정한 뒤 작동 순서를 정리합니다.
3) 시나리오 쓰기 : 선택한 기능이 실제로 어떻게 작동하는지 이야기로 구성해 설명합니다.
4) 설계도 그리기 : 장치의 구조와 흐름을 간단한 도식으로 표현하고, 기능의 위치를 정리합니다.
5) 반입체 구조물 만들기 : 대형 도화지를 바닥에 깔고, 전체 구조물의 위치를 연필로 표시합니다. EVA폼은 바닥판과 테두리 모양으로 잘라 글루건으로 붙입니다. 필터와 감지 센서는 클레이로 빚어서 원통이나 상자처럼 만들고, 미리 표시한 자리에 고정합니다. 배수구는 반으로 자른 플라스틱 반구로 표현하며, 안쪽에 약물 모형의 구슬을 넣어 물의 오염 상태를 나타냅니다. 색 변화 스티커를 오염수가 지나가는 부분에 붙여, 색 변화로 감지 기능을 표현합니다. 깨끗한 물이 나오는 곳에는 초록 LED를 배선과 함께 부착해 정화 완료 상태를 표시합니다. 감지 구역에는 작은 종을 테이프로 고정해 약물이 감지될 때 경고음을 내도록 합니다. 철사는 구조물을 세우는 기둥이나 부품을 연결하는 선으로 쓰고, 필요에 따라 구부려서 모양을 조정합니다. 색종이에는 기능의 이름이나 간단한 설명을 써서 붙입니다. 포스트잇에는 아이디어나 개선점을 적어 구조물 옆에 부착합니다. 구조물은 글루건으로 전체를 고정합니다.
6) 보완하기 : 작동 여부를 확인하고, 부족한 부분은 보완합니다.
7) 마무리하기 : 장치를 발표하며, 주요 기능과 제작 의도를 간단히 설명합니다.

08·기후를 살리는 식단 만들기 활동 해설지

📖 활동 개요

저탄소 식단과 기후 변화를 탐구하는 과학(S), 친환경 식단을 생활에 적용하는 기술(T), 식판 구조를 설계·제작하는 공학(E), 식단을 창의적으로 표현하는 예술(A), 저탄소·고탄소 식단을 관찰·비교하는 수학(M)이 융합된 STEAM 활동입니다.

📖 활동 준비물

주제별 준비물(교사 준비)은 기후 변화와 음식이 지구에 주는 영향을 이해하는 자료이고, 창의 재료는 이를 식판 모형과 자료로 표현해 저탄소 식단을 만드는 도구입니다.

구분	준비물
기본 준비물	연필, 지우개, 자, 가위, 커터 칼, 딱풀(쓰기·지우기·선 긋기·자르기·붙이기), 색연필(작은 그림·글씨 색칠), 사인펜(핵심 내용 강조)
공통 준비물	A4 용지(시나리오와 완성된 아이디어 정리), A4 활동지(선택한 식단 기능 설명과 설계도 작성하기), 색종이(배경 꾸미기·구역 구분), 스티커·말풍선·라벨지(꾸미기·이름 붙이기, 음식 옆에 '이 요리는 탄소 적음' 등 메시지 표현), 포스트잇(고른 도구 이름과 이유 표시, 아이디어 적기), 라벨지(이름·설명 붙이기), 마스킹 테이프(모형 임시 고정), 클립보드(도면 고정), 지퍼백(자료 보관)
주제별 준비물 (활동 전 학습)	지오몽 교재, 기후 변화 시각 자료, 음식 탄소 발생량 자료
창의 재료	대형 도화지(식판 설계도 배경), 플라스틱 식판(식단 꾸미기), 클레이(입체 음식 표현), EVA폼(식판 구역 나누기와 음식별 영역 구분), 철사(설명 판 지지대), 찍찍이(재료 탈부착), 투명 플라스틱 뚜껑(식판 모형 보호), 리본끈(영양이 같지만 탄소 배출량이 적은 식품 연결), 글루건(구조물 고정)

※ 준비물은 활동지 구성에 맞게 조정 가능합니다. 기본 준비물은 학생이 늘 사용하는 학습 도구이고, 공통 준비물은 수업 전 과정에서 공통으로 필요한 자료입니다.

📖 세부 활동 지침

기후 변화와 음식 탄소 배출의 관계를 탐구하고, 저탄소 식단을 설계한 뒤 이를 반입체 식판 모형과 시각 자료로 표현하는 활동입니다.

1) 상황 이해하기 : 기후 변화와 식량 문제를 연결해 저탄소 식단의 필요성을 이해합니다.
2) 식단 선택하기 : 탄소 수치를 비교해 환경에 도움이 되는 식단을 선택합니다.
3) 시나리오 쓰기 : 내가 만든 식단이 왜 지구에 좋은지 짧은 이야기로 작성합니다.
4) 설계도 그리기 : 음식 배치와 사용 재료를 도식으로 간단히 계획합니다.
5) 반입체 구조물 만들기 : 대형 도화지를 배경으로, 그 위에 플라스틱 식판을 올려 기본 틀을 만듭니다. EVA폼을 잘라서 식판의 각 구역을 나누고, 색상으로 밥, 반찬, 국 등 음식 구역을 구분합니다. 각 칸에는 클레이를 사용해 음식을 빚어 표현합니다. 하얀 클레이로 밥알을 만들고, 초록색으로 채소나 나물, 고기는 갈색으로 표현하는 등 색감을 다양하게 구성합니다. 클레이 음식은 식판의 EVA 위에 고정하고, 음식 모형 아래에는 라벨지를 붙여 이름과 탄소 배출 수치를 적습니다. 각 음식은 서로 겹치지 않도록 식판 구역 안에 균형 있게 배치합니다. 리본끈은 같은 영양소이지만 탄소 배출량이 적은 식품끼리 연결할 때 사용해서 대체 가능성을 표현합니다. 철사는 말풍선이나 설명 판을 세우는 지지대로 쓰며, 말풍선에는 탄소 감축 메시지나 식품 선택 이유를 적습니다. 찍찍이는 음식 모형을 자유롭게 붙였다 떼면서 다양한 식단을 구성하는 연습에 사용됩니다. 완성된 식판은 투명 플라스틱 뚜껑으로 덮어 보관하고, 글루건으로 구조를 고정합니다.
6) 보완하기 : 부족한 부분을 수정하며 모형을 완성도 있게 다듬습니다.
7) 마무리하기 : 결과물을 발표하고, 활동 소감을 공유합니다.

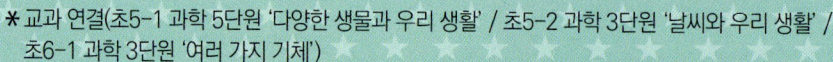
📖 활동 개요

좀비 바이러스의 감염 경로와 피해를 분석하는 과학(S), 장치의 기능을 설계하고 원리를 적용하는 기술(T), 구조를 만들고 표현하는 공학(E), 장치를 시각적으로 꾸미는 예술(A), 감염 확산을 비교하는 수학(M)이 융합된 STEAM 활동입니다.

📖 활동 준비물

주제별 준비물(교사 준비)은 감염 경로와 피해를 파악하는 자료이며, 창의 재료는 이를 표현해 감염을 막는 장치를 만드는 데 사용됩니다.

구분	준비물
기본 준비물	연필, 지우개, 자, 가위, 커터 칼, 딱풀(쓰기·지우기·선 긋기·자르기·붙이기), 색연필(작은 그림·글씨 색칠), 사인펜(핵심 내용 강조)
공통 준비물	A4 용지(시나리오와 완성된 아이디어 작성), A4 활동지(선택한 장치 기능 설명과 설계도 작성), 색종이(영역 배경과 장치 꾸미기), 포스트잇(새 아이디어 정리), 스티커·말풍선·라벨지(꾸미기·이름 붙이기), 마스킹 테이프(모형 임시 고정), 양면 테이프(부품 접착)
주제별 준비물 (활동 전 학습)	지오몽 교재, 좀비 바이러스가 퍼지는 경로 그림, 감염된 동물과 사람 사진이나 영상
창의 재료	대형 도화지(전체 배치 바탕), 은색 색종이 또는 셀로판지(냉각 보호막 표현), 클레이(센서·입체 요소 제작), 색 변화 스티커(감염 감지 반응 표현), 투명 컵(정화 필터 본체), 스펀지(공기 필터 역할), EVA폼(문틀·장치 외형 구성), 종이(문·날개·경고판 제작), 플라스틱 컵(드론 본체), 빨대(공기 배출구·드론 안테나 표현), 종이 클립(지지대·말풍선 고정), 스티로폼 조각(장치 내부 구조)

※ 준비물은 활동지 구성에 맞게 조정 가능합니다. 기본 준비물은 학생이 늘 사용하는 학습 도구이고, 공통 준비물은 수업 전 과정에서 공통으로 필요한 자료입니다.

📖 세부 활동 지침

좀비 바이러스의 감염 경로와 피해를 탐구하고, 선택한 기능을 반입체 차단 장치 모형과 시각 자료로 표현하는 활동입니다.

1) 상황 이해하기 : 영구 동토가 녹아 고대 바이러스의 확산 위험이 커지는 상황을 파악합니다.
2) 기능 선택하기 : 감염 차단을 위해 필요한 장치의 기능을 선택하고, 핵심 역할을 정합니다.
3) 시나리오 쓰기 : 장치가 작동하는 시점과 상황을 짧은 이야기 형식으로 구성합니다.
4) 설계도 그리기 : 활동지에 장치의 부품 위치와 구조를 도식으로 정리해 설계도를 완성합니다.
5) 반입체 구조물 만들기 : 대형 도화지를 배경으로 깔고, 장치 배치를 시작합니다. EVA폼을 잘라 자동 격리 문틀을 만들고, 종이로 문을 구성해 양면 테이프로 붙입니다. 정화 장치는 투명 컵을 본체로 사용하고, 내부에는 잘라 낸 스펀지를 필터로 넣습니다. 클레이를 활용해 감지 센서나 장치의 내부 부품을 제작하고, 작동 버튼이나 표시등도 표현합니다. 색 변화 스티커는 감염 반응을 나타내는 데 쓰입니다. 드론은 플라스틱 컵을 몸통으로 삼아, 종이를 잘라 날개를 만들고, 빨대를 안테나로 부착해 표현합니다. 드론 하단에는 클레이로 센서를 추가합니다. 종이 클립은 말풍선 지지대나 구조물 고정에 쓰고, 스티로폼 조각은 장치의 높이를 주거나 내부를 채우는 데 사용됩니다. 셀로판지와 은색 색종이는 냉각 보호막 표현에 활용하며, 바이러스 확산 차단 장치를 시각화합니다. 라벨지와 스티커로 각 부위의 기능을 표시합니다. 모든 부품은 마스킹 테이프와 딱풀로 고정하고, 색연필과 사인펜으로 디자인을 보완합니다.
6) 보완하기 : 기능 간 연결이 자연스러운지 확인하고 부족한 부분을 수정합니다.
7) 마무리하기 : 완성한 구조물과 시나리오를 발표한 뒤 공유합니다.

10·고산 똥 압축기 만들기 활동 해설지

📖 활동 개요

고산 지대 배설물 문제의 원인과 피해를 분석하는 과학(S), 압축기 기능을 설계하고 원리를 적용하는 기술(T), 구조를 만들고 작동을 구현하는 공학(E), 장치를 시각적으로 꾸미는 예술(A), 압축 전후를 비교·해석하는 수학(M)이 융합된 STEAM 활동입니다.

📖 활동 준비물

주제별 준비물(교사 준비)은 고산 지역 배설물 문제를 이해하는 자료이며, 창의 재료는 이를 바탕으로 위생적인 압축·밀봉 장치를 만드는 데 사용됩니다.

구분	준비물
기본 준비물	연필, 지우개, 자, 가위, 커터 칼, 딱풀(쓰기·지우기·선 긋기·자르기·붙이기), 색연필(작은 그림·글씨 색칠), 사인펜(핵심 내용 강조)
공통 준비물	A4 용지(시나리오와 완성된 아이디어 작성), A4 활동지(선택한 장치 기능 설명과 설계도 작성), 색종이(영역 배경), 포스트잇(새 아이디어 정리), 스티커·말풍선·라벨지(꾸미기·이름 붙이기), 마스킹 테이프(모형 고정), 클립보드(도면 고정), 지퍼백(재료 보관)
주제별 준비물 (활동 전 학습)	지오몽 교재, 에베레스트 등반 사진(배경 이해), 고산 쓰레기 영상, 배설물 방치 기사, 등반 장비 사진
창의 재료	EVA폼(압축기 바닥·완충 구조물), 우드락(압축기 외벽·틀 구성), 클레이(센서·배설물 모형 표현), 고무줄(덮개 고정), 철사(지지대·연결선 제작), 비닐팩(배설물 위생 포장), 색 변화 스티커(열 감지 기능 표현), 경고 스티커(냄새 감지 알림 표현), 컵(배설물 담기), 깔때기(배설물 모형 투입 시연), 눈금 종이(압축 전후 부피 비교)

※ 준비물은 활동지 구성에 맞게 조정 가능합니다. 기본 준비물은 학생이 늘 사용하는 학습 도구이고, 공통 준비물은 수업 전 과정에서 공통으로 필요한 자료입니다.

📖 세부 활동 지침

고산 지대 배설물 문제의 원인과 피해를 탐구하고, 선택한 기능을 입체 압축기 모형과 시각 자료로 표현하는 활동입니다.

1) 상황 이해하기 : 고산 지대 배설물의 환경 오염 문제를 알고, 해결 장치가 필요함을 이해합니다.
2) 기능 선택하기 : 열 감지, 포장, 경고 등 압축기에 넣을 기능을 결정합니다.
3) 시나리오 쓰기 : 압축기의 작동 상황과 그 기능이 어떻게 반응하는지 설명합니다.
4) 설계도 그리기 : 활동지에 각 기능의 위치와 구조, 작동 순서를 간단하게 나타냅니다.
5) 반입체 구조물 만들기 : 대형 도화지를 바탕에 깔고 전체 구조를 배치합니다. 우드락을 잘라 압축기의 외벽과 뚜껑을 만들고, EVA폼은 압축기 내부의 바닥과 완충 구조물을 구성합니다. 클레이를 사용해 배설물의 모형과 센서의 버튼을 제작하고, 컵은 배설물 수거 통으로 활용합니다. 깔때기는 배설물 모형 투입 구조 표현에 쓰고, 비닐팩은 위생 포장을 시각적으로 보여 줍니다. 고무줄은 뚜껑의 고정과 열림 작동 표현에 사용하고, 철사는 버튼 연결선이나 지지대로 이용합니다. 폼블럭은 압축기 안에 넣어 부피 조절과 완충 표현을 보강하며, 투명 필름지는 덮개창이나 관찰창으로 덧붙입니다. 색 변화 스티커는 압축기 작동 중 열의 발생을 감지하는 기능을 나타내고, 경고 스티커나 말풍선은 냄새를 감지했을 때 경고 알림 표시에 사용됩니다. 눈금 종이는 압축 전후의 부피를 비교하는 시각 자료로 배치합니다. 라벨지에는 각 부품의 기능을 적어 붙이고, 색연필과 사인펜으로 디자인을 마무리합니다.
6) 보완하기 : 기능이 잘 연결되는지 점검하고, 부족한 표현이나 구성 요소를 보완합니다.
7) 마무리하기 : 완성된 압축기를 발표한 뒤 친구들과 공유합니다.

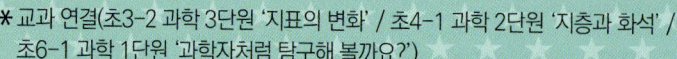

📖 활동 개요

바다 쓰레기의 원인과 피해를 분석하는 과학(S), 수거 장치 기능을 설계하고 적용하는 기술(T), 구조를 만들고 작동을 구현하는 공학(E), 장치를 꾸미는 예술(A), 수거 전후를 비교·해석하는 수학(M)이 융합된 STEAM 활동입니다.

📖 활동 준비물

주제별 준비물(교사 준비)은 바다 쓰레기의 이동과 피해를 이해하는 자료이며, 창의 재료는 이를 바탕으로 플라스틱 수거 장치를 만드는 데 사용됩니다.

구분	준비물
기본 준비물	연필, 지우개, 자, 가위, 커터 칼, 딱풀(쓰기·지우기·선 긋기·자르기·붙이기), 색연필(작은 그림·글씨 색칠), 사인펜(핵심 내용 강조)
공통 준비물	A4 용지(시나리오와 완성된 아이디어 작성), A4 활동지(선택한 기능 설명과 설계도 작성), 색종이(설명 글), 스티커·말풍선·라벨지(기능 표시와 꾸미기), 포스트잇(아이디어 정리), 마스킹 테이프(부품 임시 고정)
주제별 준비물 (활동 전 학습)	지오몽 교재, 바닷물 흐름 그림(쓰레기의 흐름 알기), 해양 플라스틱 쓰레기 사진
창의 재료	스티로폼 판(받침대·전체 고정), EVA폼(드론 몸체, 비늘과 지느러미), 폼보드(몸통 내부의 전지·모터 고정), 작은 모터(몸체 구동), 전지와 홀더(전원 공급), 전선과 스위치(전류 제어), 페트병(쓰레기 수거 통), 플라스틱 발대(센서와 부품 연결), 굵은 플라스틱 발대(구조 보강과 축), 플라스틱 조각(쓰레기 모형), 클레이(센서·입체 눈 꾸미기), 투명 필름지(내부 구조 표현), 색 변화 스티커(센서 기능 표현), 글루건(구조물 접합)

※ 준비물은 활동지 구성에 맞게 조정 가능합니다. 기본 준비물은 학생이 늘 사용하는 학습 도구이고, 공통 준비물은 수업 전 과정에서 공통으로 필요한 자료입니다.

📖 세부 활동 지침

바다 쓰레기의 원인과 피해를 탐구하고, 선택한 기능을 반입체 수거 장치 모형과 시각 자료로 표현하는 활동입니다.

1) **상황 이해하기** : 해양 쓰레기의 문제를 해결하기 위한 드론형 수거 장치가 필요하다는 점을 압니다.
2) **기능 선택하기** : 수거, 이동, 부력 유지, 센서 감지 기능을 중심으로 장치에 포함시킵니다.
3) **시나리오 쓰기** : 드론이 바다 위를 떠다니며 플라스틱을 감지하고 수거하는 과정을 상상하여 시나리오를 구성합니다.
4) **설계도 그리기** : 각 기능의 위치와 부품 배치를 고려해서 상부에서 본 구조와 옆모습을 도면으로 설계합니다.
5) **반입체 구조물 만들기** : 스티로폼 판을 바닥 받침대로 사용하고, EVA폼을 잘라 드론의 몸체와 지느러미를 만듭니다. 내부에 작은 모터와 전지 홀더가 고정될 수 있도록 폼보드를 잘라 구조를 만듭니다. 전선과 스위치를 연결해 회로를 구성하고, 모터가 회전하면서 수거 통 역할을 하는 페트병이 돌아갈 수 있도록 조립합니다. 굵은 플라스틱 발대는 모터의 회전축과 페트병을 연결하는 중간 축으로 쓰고, 일반 발대는 센서나 전선을 고정 또는 연결하는 지지 구조로 사용합니다. 글루건으로 부품을 고정한 뒤, 클레이를 이용해 입체 눈과 센서 표현을 추가합니다. 색 변화 스티커를 센서 역할처럼 배치해 감지 기능을 나타냅니다. 내부 구조가 보이도록 투명 필름지를 윗면에 덮습니다. 센서 모형은 EVA폼 위에 고정하고, 클레이로 형태를 만든 뒤 발대로 연결 부위를 연장합니다. 전지는 홀더에 끼우고 폼보드로 양쪽을 고정해 흔들림을 막으며, 모터와 연결된 축이 회전하도록 페트병은 중심에 수평으로 부착합니다.
6) **보완하기** : 작동 안정성, 배치 균형, 부품 고정 상태 등을 점검하고 수정합니다.
7) **마무리하기** : 전체 구조를 정돈한 뒤 발표하고 피드백을 반영합니다.

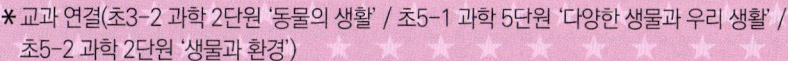

📖 활동 개요

동굴 생태계의 특성과 훼손 사례를 분석하는 과학(S), 보존 아이디어를 설계·구성하는 기술(T), 지형과 생물을 입체화하는 공학(E), 경고판과 메시지를 시각화하는 예술(A), 보호 전후 변화를 비교·설명하는 수학(M)이 융합된 STEAM 활동입니다.

📖 활동 준비물

주제별 준비물(교사 준비)은 동굴 생태계의 구조와 훼손 사례 이해에 필요한 자료이며, 창의 재료는 동굴 보전 아이디어를 시각적으로 표현하는 데 사용됩니다.

구분	준비물
기본 준비물	연필, 지우개, 자, 가위, 커터 칼, 딱풀(쓰기·지우기·선 긋기·자르기·붙이기), 색연필(작은 그림·글씨 색칠), 사인펜(핵심 내용 강조)
공통 준비물	A4 용지(시나리오와 완성된 아이디어 작성), A4 활동지(장치 기능 설명과 설계도 작성), 색종이(동굴 배경과 구획 표시, 동굴 환경 보호 문구), 포스트잇(생물 분포 정리), 스티커·말풍선·라벨지(꾸미기·지형 이름 붙이기), 마스킹 테이프(지형 구조물 고정과 층 구분)
주제별 준비물 (활동 전 학습)	지오몽 교재, 동굴 생태계 시각 자료, 간단한 동굴 지형 모형 예시 자료, 동굴 훼손 사례가 담긴 이미지나 영상
창의 재료	폼클레이(박쥐, 곰팡이, 미생물 등 작은 생물), 점토(석순, 종유석, 벽체 등 지형과 구조물), 하드보드지(평평한 바닥 지형), 스티로폼 판(입체 지형과 돌출부), 잡지 스크랩(이미지로 암벽 질감 표현), 천조각(이끼, 곰팡이, 암석 표면), 투명 플라스틱(물방울, 습기, 광택 표현), 투명 아크릴 블록(종유석과 석순의 질감과 입체감 강조), 은박지와 LED(열 감응 안내등), 글루건(구조물 접합)

※ 준비물은 활동지 구성에 맞게 조정 가능합니다. 기본 준비물은 학생이 늘 사용하는 학습 도구이고, 공통 준비물은 수업 전 과정에서 공통으로 필요한 자료입니다.

📖 세부 활동 지침

동굴 생태계의 훼손 원인을 탐구하고, 선택한 보호 아이디어를 반입체 모형과 시각 자료로 표현하는 활동입니다.

1) 상황 이해하기 : 동굴의 생태계가 외부 자극과 인위적 훼손에 취약하다는 사실을 사진과 영상 자료를 통해 파악합니다.

2) 기능 선택하기 : 생물 보호, 훼손 방지, 환경 메시지 전달 기능을 중심으로 모형의 표현 요소를 정합니다.

3) 시나리오 쓰기 : "박쥐가 놀라 날아가고 곰팡이가 급격히 퍼진다."처럼 실제 상황을 바탕으로 보호의 필요성을 담은 이야기를 구성합니다.

4) 설계도 그리기 : 동굴 내부의 주요 생물 위치, 석순·종유석의 배치, 메시지 표현 위치 등을 설계도에 정리합니다.

5) 반입체 구조물 만들기 : 하드보드지를 바닥판으로 사용해 지형의 기본 틀을 잡습니다. 입체적인 효과를 내기 위해 스티로폼 판을 절단해 바위와 돌출된 지형을 만듭니다. 점토를 이용해 석순과 종유석, 벽체를 표현하고, 폼클레이로는 박쥐, 곰팡이, 미생물 같은 생물을 소형 입체물로 제작해 지형에 배치합니다. 천조각을 오려서 붙여 이끼나 곰팡이 효과를 내고, 잡지 스크랩 이미지를 사용해 암벽의 색감과 질감을 시각적으로 풍부하게 만듭니다. 바닥 고정과 층 구분에는 마스킹 테이프를 활용하면 됩니다. 글루건으로 전체 구조물의 부품을 접합합니다. 투명 플라스틱 조각이나 필름지를 이용해 습기, 물방울, 빛 반사를 표현하고, 투명 아크릴 블록은 종유석의 질감과 입체감을 강조하는 데 사용합니다. 열 감응 안내등은 폼클레이로 센서의 외형을 만들고, 은박지로 반사 느낌을 더하며, LED는 약한 빛을 내도록 합니다.

6) 보완하기 : 모형의 균형과 부착 상태, 라벨 표시의 가독성을 점검하고 부족한 점을 수정합니다.

7) 마무리하기 : 결과물을 발표하고 피드백을 받아 반영합니다.

13·탄소 잡아먹는 슈퍼 나무 만들기 **활동 해설지**

📖 활동 개요

탄소 순환의 원리와 기후 문제를 분석하는 과학(S), 슈퍼 나무 아이디어를 설계·구성하는 기술(T), 나무 구조와 기능을 입체화하는 공학(E), 생김새와 메시지를 시각화하는 예술(A), 흡수 전후 변화를 비교·설명하는 수학(M)이 융합된 STEAM 활동입니다.

📖 활동 준비물

주제별 준비물(교사 준비)은 탄소 순환과 기후 변화 이해 자료이며, 창의 재료는 이를 바탕으로 슈퍼 나무의 구조와 기능을 입체적으로 표현하는 데 사용됩니다.

구분	준비물
기본 준비물	연필, 지우개, 자, 가위, 커터 칼, 딱풀(쓰기·지우기·선 긋기·자르기·붙이기), 색연필(작은 그림·글씨 색칠), 사인펜(핵심 내용 강조)
공통 준비물	A4 용지(시나리오와 완성된 아이디어 작성), A4 활동지(선택한 기능 설명과 설계도 작성), 색종이(잎 구조, 나무 이름 표현), 스티커·말풍선·라벨지(꾸미기·구조 명칭과 기능 표시), 마스킹 테이프(나무 구조 임시 고정), 지퍼백(재료 보관)
주제별 준비물 (활동 전 학습)	지오몽 교재, 탄소 순환 개념도, 기후 변화 관련 시각 자료, 실제 식물 사진(탄소 흡수 원리와 환경 문제 이해)
창의 재료	하드보드지(바닥판), 마분지(배경 판과 구조물), 폼클레이(잎·뿌리털), 점토(줄기 외형, 뿌리, 땅 표면), 스티로폼 판(뿌리, 탄소 저장 공간), 플라스틱 빨대(공기 통로, 흡수 장치), 나무젓가락(구조 고정), 철사(줄기 내부와 연결 구조 보강), 투명 필름지(탄소 이동 경로 구분), 작은 검정 구슬(탄소 분자), 천조각(잎맥, 지면 질감 표현), 글루건(조형물 접착),

※ 준비물은 활동지 구성에 맞게 조정 가능합니다. 기본 준비물은 학생이 늘 사용하는 학습 도구이고, 공통 준비물은 수업 전 과정에서 공통으로 필요한 자료입니다.

📖 세부 활동 지침

탄소 순환의 문제를 탐구하고, 선택한 해결 아이디어를 반입체 모형과 시각 자료로 표현하는 활동입니다.

1) **상황 이해하기** : 탄소 순환 개념도와 기후 변화 관련 자료를 통해 나무가 탄소를 흡수하고 저장하는 역할을 압니다.
2) **기능 선택하기** : 광합성, 뿌리 흡수, 탄소 저장과 이동 기능을 모형에 표현할 요소로 정합니다.
3) **시나리오 쓰기** : 잎이 넓고 뿌리가 깊은 나무가 탄소를 많이 흡수한다는 생각을 바탕으로 이야기를 씁니다.
4) **설계도 그리기** : 하드보드지 위에 줄기, 잎, 뿌리의 위치를 고려해 설계도를 그립니다.
5) **반입체 구조물 만들기** : 하드보드지를 바닥판으로 깔고, 마분지로 배경 구조를 세운 후 스티로폼 판을 절단해 뿌리와 탄소 저장 공간을 입체적으로 표현합니다. 점토를 사용해 줄기의 외형과 땅 표면을 만들고, 폼클레이로 잎과 뿌리털을 나타냅니다. 철사는 줄기 내부에 삽입해 중심 고정을 보강하고, 나무젓가락은 뿌리와 줄기 연결 부위를 지지하는 데 사용합니다. 플라스틱 빨대는 공기의 통로와 흡수 장치로 표현하고, 투명 필름지는 탄소 이동 경로를 나타냅니다. 작은 검정 구슬은 탄소 분자로 쓰고, 빨대 안에 넣거나 뿌리 주변에 배치합니다. 잎의 색감과 형태는 색종이를 오려 붙이고, 잎맥과 땅의 질감은 천조각으로 꾸밉니다. 전체 구조물은 마스킹 테이프로 임시 고정한 뒤 글루건으로 접착하고, 라벨지로 기능을 표시합니다. 색종이로 나무 이름과 특징을 꾸미고, 포스트잇에는 환경 메시지를 작성해 부착합니다.
6) **보완하기** : 기능 표현이 부족한 부분을 수정하고, 구조가 무너지지 않도록 접합 상태를 다시 확인합니다.
7) **마무리하기** : 제작 과정을 발표하고 친구들과 아이디어를 나누며 활동을 마무리합니다.

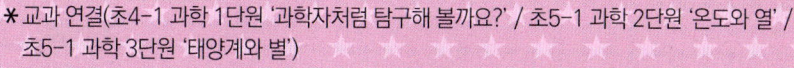

📖 활동 개요

태양의 진화 과정을 탐구하는 과학(S), 변화 단계를 지도와 자료로 설계하는 기술(T), 태양 모습을 입체 모형으로 구현하는 공학(E), 특징과 메시지를 시각화하는 예술(A), 시간 흐름과 크기 변화를 비교·설명하는 수학(M)이 융합된 STEAM 활동입니다.

📖 활동 준비물

주제별 준비물(교사 준비)은 태양의 진화 단계와 별의 생애를 이해하는 자료이며, 창의 재료는 이를 바탕으로 태양의 변화 과정을 입체적으로 표현하는 데 사용됩니다.

구분	준비물
기본 준비물	연필, 지우개, 자, 가위, 커터 칼, 딱풀(쓰기·지우기·선 긋기·자르기·붙이기), 색연필(작은 그림·글씨 색칠), 사인펜(핵심 내용 강조)
공통 준비물	A4 용지(시나리오와 완성된 아이디어 작성), A4 활동지(선택한 단계 설명과 설계도 작성), 색종이(태양 단계 표현과 설명), 포스트잇(새 아이디어 정리), 마스킹 테이프(구조물 고정), 스티커·말풍선·라벨지(꾸미기·이름 붙이기)
주제별 준비물 (활동 전 학습)	지오몽 교재, 태양 진화 단계 시각 자료, 태양 핵융합 설명 자료, 태양 변화의 지구 영향 자료, 별의 생애 비교 자료
창의 재료	하드보드지(모형 고정 바닥판), A3 용지(단계별 배치도), 마분지(배경 판), 스티로폼 공(단계별 태양 몸체), 폼클레이(태양 표면 색·무늬), 스티로폼 판(단계별 모형 층 구성·돌출 구조), 점토(행성과 지면), 플라스틱 구슬(별·행성), 폼보드(모형물 지지 고정), 철사(골격 연결, 지지대), 금박지 조각(태양빛), 투명 필름지(빛 번짐·광선 표현), 글루건·목공풀(구조물 접착)

※ 준비물은 활동지 구성에 맞게 조정 가능합니다. 기본 준비물은 학생이 늘 사용하는 학습 도구이고, 공통 준비물은 수업 전 과정에서 공통으로 필요한 자료입니다.

📖 세부 활동 지침

태양의 생애를 탐구하고, 단계별 변화를 반입체 모형과 시각 자료로 표현하는 활동입니다.

1) 상황 이해하기 : 태양은 시간이 지나면서 구조와 성질이 변한다는 사실을 자료를 통해 학습합니다.
2) 단계 선택하기 : 단계별 색, 크기, 질감 차이를 표현하고, 명칭과 설명을 표시하기로 정합니다.
3) 시나리오 쓰기 : 태양이 팽창하고 수축해 백색 왜성이 되는 과정을 이야기로 정리합니다.
4) 설계도 그리기 : 태양 단계의 배치와 배경 구조를 스케치하고, 마스킹 테이프로 고정합니다.
5) 반입체 구조물 만들기 : 하드보드지를 바닥판으로 사용하고, 마분지를 배경으로 세웁니다. 스티로폼 공은 태양의 각 단계 몸체로 활용하고, 크기 차이를 두어 진화를 시각화합니다. 폼클레이를 활용해 각 단계의 표면 색과 무늬를 표현하고, 표면 질감도 손으로 조형해서 다르게 만듭니다. 스티로폼 판은 태양이 커지거나 폭발하는 단계에서 돌출 구조를 만드는 데 사용합니다. 점토는 주변 행성이나 지면을 만들어 배경을 보완하고, 플라스틱 구슬은 별이나 소행성처럼 장식 요소로 배치합니다. 각 모형은 폼보드에 부착하고, 철사로 골격을 연결해 안정성을 확보합니다. 광선이나 코로나 표현을 위해 투명 필름지를 잘라 붙이고, 금박지 조각으로는 태양빛이 퍼지는 효과를 냅니다. 각 단계의 이름은 라벨지로 붙이고, 설명은 색종이에 작성해 부착합니다. 조형물의 각 부위는 크기별로 나누어 조립하며, 진화 순서에 맞춰 좌에서 우 또는 원형 배열로 배치합니다. 전체 조형물은 글루건과 목공풀로 견고하게 접착합니다.
6) 보완하기 : 흔들리거나 빠진 부품을 다시 붙이고, 빠진 설명은 추가해 마무리합니다.
7) 마무리하기 : 모형을 발표하고 피드백을 반영합니다.

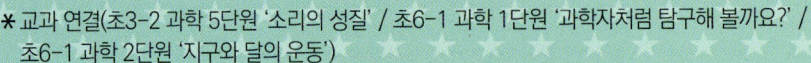

✱ 교과 연결(초3-2 과학 5단원 '소리의 성질' / 초6-1 과학 1단원 '과학자처럼 탐구해 볼까요?' /
초6-1 과학 2단원 '지구와 달의 운동')

15·소리 전달 실험 설계 활동 해설지

📖 활동 개요

소리의 전달 과정을 탐구하는 과학(S), 매질과 경로를 도식화하는 기술(T), 소리 전달 장치를 입체 모형으로 구현하는 공학(E), 신호 전환을 시각적으로 표현하는 예술(A), 전달 속도와 차이를 비교·설명하는 수학(M)이 융합된 STEAM 활동입니다.

📖 활동 준비물

주제별 준비물(교사 준비)은 소리 전달 원리와 매질 차이를 이해하는 자료이며, 창의 재료는 이를 바탕으로 소리 전달과 신호 전환을 표현하는 데 사용됩니다.

구분	준비물
기본 준비물	연필, 지우개, 자, 가위, 커터 칼, 딱풀(쓰기·지우기·선 긋기·자르기·붙이기), 색연필(작은 그림·글씨 색칠), 사인펜(핵심 내용 강조)
공통 준비물	A4 용지(시나리오와 완성된 아이디어 작성), A4 활동지(선택한 기능 설명과 설계도 작성), 색종이(장치 부위 위치 표시), 포스트잇(소리 비교 메모), 마스킹 테이프(구조물 임시 고정), 말풍선·라벨지(꾸미기·이름 붙이기), 지퍼백(재료 보관)
주제별 준비물 (활동 전 학습)	지오몽 교재, 소리 전달 구조와 매질 실험 자료, 작은 북과 북채(진동 발생 관찰), 스피커(진동 실험)
창의 재료	종이컵(전화기), 플라스틱병(공명기), 스티로폼 판(진동판), 실(소리 전달 매질), 얇은 철사(다른 매질 비교), 나사못·드라이버(부품 조립), 고무줄(진동 발생), 풍선·랩 필름(진동 시각화), 불투명 상자·덮개(차단 상황 재현), LED 캔들(빛 신호 전달), 색종이 조각·스티커(빛 신호 도달 확인), 스마트폰(음원 재생·녹음), 종이 테이프(LED 캔들 고정), 글루건(부품 접합)

※ 준비물은 활동지 구성에 맞게 조정 가능합니다. 기본 준비물은 학생이 늘 사용하는 학습 도구이고, 공통 준비물은 수업 전 과정에서 공통으로 필요한 자료입니다.

📖 세부 활동 지침

소리의 전달을 탐구하고, 매질과 신호 변화를 반입체 모형과 시각 자료로 표현하는 활동입니다.

1) 상황 이해하기 : 소리는 진동에 의해 발생하며, 매질에 따라 전달 방식이 달라진다는 사실을 압니다.
2) 기능 선택하기 : 소리의 전달, 반사, 차단, 빛 신호 전환 등의 기능 가운데 표현할 기능을 정합니다.
3) 시나리오 쓰기 : 소리가 실을 따라 이동하다가 장애물에서 막히고, 빛 신호로 바뀌는 과정을 이야기 형식으로 구성합니다.
4) 설계도 그리기 : 소리 발생 → 진동판 → 매질 이동 → 차단 → 신호 전환 등 과정을 순서대로 설계합니다.
5) 반입체 구조물 만들기 : 하드보드지에 종이컵을 고정해 전화기의 구조를 만들고, 실과 얇은 철사를 각각 소리 전달 매질로 연결합니다. 실 한쪽 끝은 북이나 고무줄 진동 장치에 연결하고, 다른 쪽은 스티로폼 판의 진동판 위에 고정해 진동 전달을 관찰합니다. 고무줄을 팽팽하게 고정하면 진동이 더 잘 전달됩니다. 풍선이나 랩 필름을 진동판 위에 덮어 진동 시각화를 강화합니다. 플라스틱병은 공명기로 사용해 울림을 키우고, 불투명 상자와 덮개를 덮어 소리 차단 실험도 병행합니다. 빛 신호로의 전환은 LED 캔들을 소리 수신 지점에 설치하여, 진동 전달 시 켜지게 합니다. 색종이 조각이나 스티커를 이용해 빛 신호가 도달한 위치를 표시합니다. 장치 전체는 종이 테이프와 글루건으로 고정하고, 이름과 기능은 라벨지와 말풍선 스티커로 꾸밉니다. 스마트폰으로 음원을 재생하거나 녹음해서 실제 소리 발생과 전달의 변화를 비교 관찰할 수 있습니다.
6) 보완하기 : 흔들리는 부품을 글루건으로 고정하고, 빠진 설명을 보완합니다.
7) 마무리하기 : 완성된 실험 장치를 친구들과 공유하고 피드백을 반영합니다.